저 산은 내게

이지형 山문집

저 산은 내게

한 걸음 한 걸음 웃음기 사라진 가파른 길을 걸으며
거칠게 숨 쉬는 당신에게

북노마드

낮은 산과 높은 산을 비교하는 것은
바람직하지 않다.

- 프랭크 스마이드

오르며

등산,
중력과의 그 우아한 드잡이

취기만 돌면 양희은의 〈한계령〉을 흥얼거리던 후배가 있었는데, 그의 가사는 늘 빗나갔다.

"저 산은 내게 오지 마라, 오지 마라 하고……."
"산 싫어하지?"
"오르는 걸 싫어하지. 산들도 오지 마라 하잖아."
"한계령 생각은 다른 거 같은데."
"뭐라 하는 거야."

뭐라 하는 거 아니다. 자기 듣고 싶은 대로 듣는다. 그에겐 오지 마라 하는 산들이, 내겐 우지 마라 한다. 밤낮 고요한 산들이 정답을 알려줄 리도 없다.

그러니 우기고 싶으면 우겨라. 하지만 노래를 부른 양희은 선생이 그랬다. 자기는 '우지 마라'로 부른다고. 그래도 계속 우기시든지.

10년 전 '이러다 무너지겠구나' 싶었다. 몸도 마음도 힘들었다. 무작정 산에 올랐다. 그때 '저 산'은 내게 정말 '우지 마라, 우지 마라' 해주었다.

그렇게 서울의 북한산을 오르기 시작했다. 울고 싶은 것만큼, 잊고 싶은 것도 많았나 보다. 굳은 몸과 거친 숨이 가파른 경사에 적응해 풀어질 때쯤 산행은 무모하고 과도해졌다.

어느 해였던가. 북한산을 1년에 100번 오른 적도 있다. 직장을 다닐 때였으니, 52주에 걸쳐 토-일, 토-일로 이어간 여정이었다. 독한 산행이었다. 물론 백운대 정상까지 매번 오르진 않았다. 하지만 대동문~대성문~대남문을 잇는 북한산성 주능선까지는 올랐으니 언제나 서너 시간은 너끈했다.

몸이 힘들어서 그랬을까. 그러는 동안 나를 적시고 있던 슬픔과 울분이 사라졌다. 잠시 후 입산하듯 본문 속으로 진입해, 초록 디자인 위로 펼쳐진 산천 유람의 에세이를 읽다 보면 느끼시겠지만, 이 책은 상당 부분 지상에서 입은 내상의 치유 기록이다. 산에서 만나는 건 고작 '이 산 저 산 떠도는 바람'뿐인데 그렇다. 그 산이 몰고 다니는 '눈물'과 '구름'에 미지의 처방이 담겼을까. 비급은 다른 데 있다. 산이 지친 몸을, 이어 강퍅해진 마음을 어떻게 치유하는지 서툰 문장들 속에서도 어렵지 않게 발견하시리라 믿는다. 울고 싶을 땐, 산에 가야 한다.

사실 치유와 변화 이상을 기대했다. 중앙아시아에서 히말라야에 이르는 산악 지역에는 삶 전체의 희망을 산에 건 이야기들이 엇비슷한 전설로 남아 있다. 이런 식이다. 이 산을 천 번 오르면 어떤 꿈이든 이뤄진다. 저 산 둘레를 백팔 번 돌면 지난 생애의 잘못이 씻겨 나간다……. 백운대를 포함해 북한산을 수도 없이 오르고 또 돌면서 나도 나의 꿈이 한두 개는 이뤄질 거라 믿었고, 지금도 믿는 중이다.

아직 아무 일도 일어나지 않은 건 의외다.

그러나 일 있건 없건, 산과의 인연은 이제 끊기 어려운 걸 잘 알고 있다. 산의 매혹 때문이다. 산의 아름다움은 차마 말로 표현하기 힘들다. 지난해 가을, 홍조 띤 숲길을 걷다가 멈추었을 때 절감했다. 단풍 숲을 빠져나와 곁에 있는 바위로 잠시 물러서 고개를 들었다. 저녁 6~7시쯤이었을까. 서쪽 낮은 하늘로 노을이 붉었다. 그 붉디붉은 기운을 머금고 멀리 파도로 펼쳐진 장대한 산군山群에 압도당해 말을 잃었다. 보이는 풍경 전체가 붉어, 입을 뗄 수가 없었다. 그날 생각했다. 산행은 정상에서 완성되는 게 아니라, 말 끊긴 곳에서 완성되는구나!

여러 해 동안 인파이터 복서처럼, 파고들 듯 홀로 잠행한 북한산 산행의 기록이 이 간소한 에세이의 줄기다. 하지만 북한산을 헤집는 동안 나의 발길은 북한산에만 머물지 못해 지리산으로, 알프스로, 때론 시베리아로 뛰쳐나갔다. 그리고 북한산의 기록을 정리하는 동안, 나의 새벽 사유는 좁은 방 안에만 안착하지 못해 지나 온 산과 길의 흔적을 깊이 품으려 했다. 그런 확산(몸)과 수렴(마음)의 욕구는 어쩌면 삶의 고단함을 작은 배낭에 밀봉한 채, 펜 하나 들고 지상의 좁은 거처를 탈출한 산객山客 또는 필객筆客의 숙명이라 생각한다.

마지막으로 정리하고 넘어갈 게 있다. 도대체 이 울퉁불퉁한 지구에서 산을 오른다는 건 뭘까. 등산을 정의하는 건 진리나 도道를 한마디로 요약하는 것만큼이나 어렵다. "힘들게 산에 왜 올라?" 얄미운 표정으로 묻는 지인들을 멀뚱멀뚱 쳐다볼 수밖에 없는 것도 모두 등산이 뭔지 정리를 해놓지 못해서다.

겸사겸사, 조그마한 책으로 묶여 나올 10년의 산행 기록을 하루 종일 찬찬히 훑어보았다. 그리고 결론 내렸다. 등산은 우리를 자꾸만 끌어내리지 못해 안달인, 못된 지구 중력과의 우아한 드잡이라고!

되도록 많은 분이 한 사내의 '좌충우돌' 산행기를 읽고, 지구인의 숙명인 중력과의 한판 승부에 동참했으면 한다. 주말을 이용해 배낭 하나 메고 중력과 맹렬히 싸우다 보면 허벅지가 딴딴해지고 숨이 거칠어지면서, 문득 지구를 이탈해 달에 가고 싶다는 생각이 들 것이다. 달에선 에베레스트도, 킬리만자로도 닐 암스트롱처럼 통통 튀면서 가볍게 올라갈 수 있을 테니 얼마나 좋을까.

어느 저녁,
북한산과 달이 동시에 보이는 고즈넉한 카페에서

이지형 드림

울고 싶을 땐, 산에 가야 한다.

차례

오르며   006

최소한의 워밍업

해발 고도를 높이면 행복해진다   020
산에 오르는 7가지 이유   024
등산의 철학적 효용   031

조금은 철학적인 북한산 매뉴얼

흔들리되 무너지지 않는다

꽃으로 피어난 중생대의 추억 _화강암 군집   040
고귀한 것들은 자신을 감춘다   044
전체 구조부터 알아야 한다 _청수동 암문   046
성과 속을 한데 보듬는 스물세 봉우리   049
『주역』과 산 _흔들린다, 무너지지 않는다   053
서정과 서사의 황홀한 만남   059

우리, 무언가 놓치고 있는 것은 아닐까?

아프지 않은 역사는 없다 _슬픈 백운대	066
산이라는 추상화, 산이라는 시	072
정치적인 너무나 정치적인 _아픈 백운대	076
혼자 남아도 두려움 없이 _숨은벽	082
융프라우 _열정은 경계를 허문다	088
진짜 정보는 은밀한 공간 속으로 _도선사 입구	094

마음은 고요하게, 몸은 분주하게

문약한 우리들, 산으로 가자 _부암동	102
그해 여름, 추사의 고난도 클라이밍 _비봉	108
세월의 반격 앞에서 울지도 못했다 _비봉능선	113
경계에서만 보이는 것들이 있다	119
지리산의 추억 1 _고무신과 청바지	124
지리산의 추억 2 _그는 말없이 참치캔 하나를 땄다	128

누구나 저마다의 세기를 산다

쉬운 길은 어려운 길이었다 _문수봉 가는 길	138
바람과 물의 현란한 서사 _바위들	142
즐거운 풍수	148
숙종의 우울에 관한 어떤 상상 _북한산성	154
펠림프세스트 또는 끝내 사라지지 않는 것들	159
도심 속으로 _명동, 왕십리, 종로의 추억	165
당신의 상처가 이 도시를 치유하리라	172

문득 뒤를 돌아보았다

어차피 인생은 셀프라던 그에게 _수유 아카데미하우스	182
안단테, 안단테… 조급해 말아요 _의상능선	186
꽃 피우지 못하는 삶이 더 많다 _불광동 대호아파트	191
시베리아 _이반하던 것들의 화해, 그 절경	197
바이칼 _가늠할 수 없는 그의 속내	203

천천히, 느긋하게, 고독하게

사유할 것인가, 노동할 것인가?	214
랭보 _압도적으로 모던하게, 절대적으로 한가하게	218
뽕짝과 찬송가, 그리고 절대 고독 _진달래능선	224
결기와 강단이 필요할 때가 있다 _소귀천계곡	230
외로움을 태우고 새벽을 달리다 _34번 버스	236
나르시시즘 _모든 여행은 사람의 향기를 좇는다	242
내려가며	250

최소한의 워밍업

해발 고도를 높이면 행복해진다

해발 38미터 × 닫힌 공간 × 그(녀)의 말

지상의 우울을 인수분해 하면 아마도 이런 공식이 되지 않을까. 대한민국의 메가시티 서울에 사는 사람들 기준이다.

아무래도 탁 트인 공간에서는 불안이 사그라진다. 풍광 좋은 곳으로 나가 걷거나 뛰면 우리는 훨씬 덜 불안하다. 움직임 없이 우두커니 머물 때, 몰입할 대상이 마땅치 않을 때 우리는 근심한다. 괜히 과거를 소환하고 미래를 전망한다. 그러다 미궁에 빠진다.

걱정과 근심과 우울의 무대는 대개 폐쇄된 방이나 좁은 사무실이다. 닫힌 공간에 틀어박혀 가만히 정지한 채 우리는 스스로 영혼을 갉아먹는다. 어디 이뿐인가. 존재와 상황 자체가 답답해 견딜 수 없는

데, 날카로운 말로 나를 찌르는 족속들이 있다.

> 일을 왜 그런 식으로 하죠?
> 늘 그 모양이야. 도대체 이해할 수 없어.

타인을 고려하고 배려하지 못하는 자들의 말에 모멸감을 느낀다. 그 순간 불안은 극대화한다. 일상이 두려워진다.

이 모든 일이 '해발 38미터'에서 펼쳐진다.

서울의 평균 해발 고도는 38미터다. 인천 앞바다를 기준으로 삼은 수치다. 뉴욕은 인근의 기준 해수면으로부터 평균 10미터, 베이징은 43.5미터, 파리는 78미터 높이에 있다. 네덜란드의 암스테르담은 해수면보다 2미터 아래다. 그들이 도시 주위로 방조제를 두르면서 바다와 사투를 벌였던 이유다.

반대로 도시의 평균 해발 고도가 156미터에 이르는 모스크바 같은 도시도 있다. 모스크바 같은 예외를 제외하면, 지구인의 거처는 어림잡아 해발 50미터 안팎에 있다. 지구를 살아가는 우리는 그 공간 어디에 골똘히 처박혀 혹은 누군가의 무례한 언어에 시달리며 위축된다. 해발 50미터 위의 정지와 고독이 불안의 거처다.

실존의 본질을 '걱정'(마르틴 하이데거)과 '두려움'(쇠렌 키르케고어)으로 요약한 철학자들이 있었다. 하지만, 걱정과 두려움의 이유는 쉽게 파악되지 않는다. 누구에게나 스며 있는 걱정과 두려움의 심리로부터 자유로워지려면 방법은 하나다. 움직이거나 올라가야 한다.

움직임으로 정지와 고독을 깨고, 올라감으로 해발 50미터의 저주를 털어낼 수 있다. 나를 괴롭힌 무례한 언어도 어느 정도 떨쳐낼 수 있다. 우리의 영혼을 옥죄고 있는 불안을 격파할 수 있다. 기독교의 구원, 불교의 고집멸도苦集滅道,[1] 그 밖의 수많은 낙관과 인내의 언어에 기대는 건 그다음 차례다.

불안으로부터 해방되기 위해, 행복을 꿈꾸기 위해 우리는 문을 박차고 나가야 한다. 골방에 틀어박혀 복음과 경전을 붙들고 있을 필요도 없고, 달변의

---

1 불교의 근본 원리인 사제四諦의 첫 글자를 따서 이르는 말이다. '고'는 생로병사의 괴로움, '집'은 '고'의 원인이 되는 번뇌의 모임, '멸'은 번뇌를 없앤 깨달음의 경계, '도'는 그 깨달음의 경계에 도달한 수행을 이른다.

멘토와 자기 계발서의 호언장담에 마음을 내줄 필요도 없다. 신발 끈을 여미고 폐쇄된 공간에서 훌쩍 벗어나는 게 우선이다. 행복은 지금 있는 공간으로부터의 '이탈' 가능성에 비례한다. 해발 고도를 높일 때 우리는 행복에 잠길 수 있다.

산에 오르는 7가지 이유

인간은 곧잘 잊는다. 산에 오르는 일이 일상의 번잡함을 해결해 준다는 사실을 알아도 실천에 옮기는 사람은 많지 않다. 게으름과 나태함의 변명거리가 주변에 즐비하다. 그때마다 나는 '산 보험'에 들라고 재촉한다. 산에 오를 이유를 넉넉히 마련해 둬서 나쁠 게 없다고 권면한다. 흔한 대화를 떠올리며 산을 올라야 하는 이유를 점검해 보자.

산에 왜 오르나요?
산이 거기 있으니까요.

하나 마나 한 답변이다. 가끔 전설적 산악인들의 유사한 인터뷰를 본 적이 있지만 유명세에 속는 건 어리석은 일이다. 실속 없는 답변이다. 그럼 이런 문답은 어떨까?

산을 왜 오르시나요?
내려오려고요.

 철학적인 답변일까? 바보 같은 답변이다. 실체 없는 레토릭이다.
 심술을 부려 보지만 답하기 쉽지 않은 질문이다. 한 주를 간신히 버티고 주말 새벽이면 부리나케 짐을 챙겨 산에 오르면서도 누군가 등산의 이유를 물어올 때마다 뚜렷하게 답하지 못한다. 건강 때문인가 싶다가도 '과연 그것 때문일까' 주춤한다.
 건강이 아니라면 도대체 무엇일까? 산 능선이나 정상에 서서 먼 풍경을 바라보는 커플들의 흔한 감탄은 "와, 정말 아름다워!"다. 동감하지만 충분하지 않다. 상투적인 감탄사일 뿐이다. 그래서 어느 주말은 작정하고 산에 오르는 대신 공원 벤치에 앉아 정색한 채로 골몰했다.

 도대체 나는 왜 산에 오를까?

 건강을 위해서, 그냥 그곳에 서 있는 산에 올라

아름다운 풍경에 형식적으로 반한 뒤 어차피 내려올 길이니 내려오는 거라지만, 조금은 내밀한 등산의 이유를 찾고 싶었다. 산에 오른다고 여기저기 설레발치고 다닐 거라면 '나만의 등산 이유 톱 7' 정도는 마련하고 싶었다. 그 정도 이유를 발견하지 못한다면 앞으로 산에 가지 말아야지 하는 유치한 결심까지 했다. 결연히 마음먹고 나만의 일곱 가지 등산 이유를 적어 내려갔다.

하나. 블라인드 코너

블라인드 코너Blind Corner라는 말이 있다. 저 앞의 모퉁이를 돌았을 때 어떤 광경이 펼쳐질지 예상할 수 없는 경우를 말한다. 등산에도 이런 일이 벌어진다. 물론 잘 정비된 등산로를 따라가면 블라인드 코너가 두려울 게 없다. 저 고개를 넘든, 이 모퉁이에서 급하게 길을 꺾든 안전한 등산로가 펼쳐질 테니까 말이다. 그러나 산을 타다 보면 가끔 등산로를 이탈한다. 이때 무리해서 능선이나 계곡을 오르다 블라인드 코너를 만날 때가 있다. 막다른 길을 만나 오도 가도 못한 채 벌벌 떤 적이 있다. 다행히 무사히 하산했고 이렇게

추억을 반추하는 시간이 왔지만, 다른 분들에게
권하지는 못하겠다.

둘. '로쿠스 솔루스'를 찾아서

지금으로부터 100여 년 전 레몽 루셀이라는 프랑스
소설가가 있었다. 그의 소설에서 라틴어 '로쿠스
솔루스Locus Solus'를 배웠다. 우리말로 풀면 '외딴곳'
'은밀한 장소'쯤 되겠다. 등산을 오래 다니면 나만의
아지트가 생긴다. 후미지고 외진 곳이 아니어도 좋다.
주위에 사람들이 있어도 그들을 잠시 잊고 나에게
온전히 집중한다면, 그 순간 내가 앉은 곳이 로쿠스
솔루스다. 크게 굽은 소나무 아래든, 계곡의 구석이든,
정상 옆 작은 바위든 상관없다. '주위'를 잊는 그곳이
로쿠스 솔루스다.

셋. 일곱 시간의 침묵

동네 선원禪院에 간 적이 있다. 선원장은 눈을 감고
정좌한 채 마음속 흙탕물을 가라앉히라고 하였다.
도심의 선방에서 몸과 마음을 정화하는 일은
상쾌했다. 침묵의 도움을 크게 입었다고 생각한다.

언어를 버리는 것은 사유를 쉬는 것이다. 선방보다 더
강렬한 침묵의 체험을 나는 '홀로 산행'에서 얻는다.
누구에게도 말 걸지 않고, 누구의 말도 듣지 않는
채 일곱 시간을 느릿하게 걸으면 마음속 흙탕물이
저절로 가라앉는다. 어느 그늘에 앉아 잠시 눈이라도
부칠라치면 그대로 선정禪定이다.

넷. 누구나 철학자

산에 관한 시詩가 여럿이다. 그중 내용으로만 기억하는
구절이 있다. 산을 오를 때는 실존주의자였다가
정상에 오르면 유물론자가 된다는 이야기다.
그럴듯하다. 온몸의 진과 힘을 소진하며 산을 오르면
본질과 이데아 따위(?)는 스르륵 잊힌다. '지금 나'의
존재를 절감하며 우리는 슬쩍 실존주의라는 단어를
떠올린다. 그러나 잠깐이다. 정상을 밟는 순간 발밑의
산을 굽어보며 잠시나마 그 산을 소유하게 된다.
이런 걸 딱히 유물론이라 할 수 있을지 모르지만
산행을 통해 잠시나마 철학자가 되는 것은 어불성설은
아니라고 믿는다.

다섯. 미적 체험

20여 년 전, 태어나서 처음으로 북한산에 오를 때 한국화를 그리는 미술대학 교수님과 동행했더랬다. 기억이 흐릿하지만 아마도 구기동에서 탕춘대능선을 통해 향로봉으로 올랐던 듯하다. 교수님이 계곡 대신 능선을 택한 이유는 뚜렷했다. 산수화의 원리를 속성 과외해 주겠노라는 전문가의 의도였다. 그날 난생처음 북한산을 오르며 유려한 산세가 화폭에 담기는 원리를 조금이나마 알게 되었다. 그때 귀동냥한 '일획론 一劃論'과 '기운생동 氣韻生動'의 개념이 지금도 생생하다. 그 개념이 동양 미학의 핵심을 짚고 있다는 사실은 나중에 알았다.

여섯. 한 줄기 바람에 반하다

무덥던 그해 여름, 일상의 스트레스가 화병 수준으로 머리끝까지 차오르던 그날, 열을 분출하며 북한산 암문 暗門의 돌기둥에 몸을 기댔다. 바로 그때 저 아래 산기슭에서 홀연히 치고 올라와 내 이마에 당도한 한 줄기 찬바람을 지금도 잊을 수 없다.

일곱. 희귀한 풍경들

산에서만 만날 수 있는 희귀한 풍경이 있다. 레깅스 커플도 그중 하나다. 레깅스 차림의 여성이 앞서고 그 뒤를 남자 친구가 바짝 따르는 경우를 종종 본다. 뒤에 선 남성의 움직임에서 조바심이 느껴질 때가 많다. 무언가 엄폐하려는 듯한 느낌이다. 때때로 뒤를 돌아보기도 한다. 저 젊은이는 왜 저렇게 전전긍긍할까. 아무래도 딱 붙은 레깅스가 지시해 주는 여자 친구의 몸매를 가려 주려는 듯하다. 뒤에서 오르는 뭇 남성들의 시선을 차단하겠다는, 어쩌면 질투심 비슷한…… 그 밖에도 산에는 특별한 풍경이 많다.

등산의 철학적 효용

'산에 오를 땐 실존주의, 정상에선 유물론'이란 말을 곱씹어 볼까. 헐떡거리며 힘들 때는 실존을 느끼고, 도심의 문명을 발아래 두고 나면 보이고 만져지는 것들의 실재를 절감한다고 보는 것은 지나친 단순화이지만 틀린 말도 아니다. 그럼, 산에서 내려올 때는 어떨까? 우리는 어떤 철학적 자세를 취할까? 미로 같던 등산로를 다 확인한 후의 실증주의적 쾌감 정도일까?

산에 들기 전에(입산) 명확히 해둘 게 있다. 산은 오르는 비탈일 뿐 아니라(등산), 머물며 바라보는 풍경이며(관산), 내려오는 길이기도(하산) 하다는 것이다. 이걸 잊으면 우리는 산을 오를 때 체험하게 되는 실존주의에 과도하게 편향될 우려가 있을 뿐 아니라, 내려오는 길에는 등산이 다 끝났다고 방심한 나머지 무릎을 다칠 수도 있다.

그리고 또 하나, 산의 건강 효과를 제대로 누리지 못할 위험도 있다.

건강 차원에서 등산의 효용에 대해 말하는 이가 많다. 하지만 내용은 단조롭다. 심폐 기능이 확 좋아졌어, 내 허벅지 딴딴해진 것 봐…, 수준이다. 등산의 효용은 그렇게 단순하지 않다. 올라갈 때와 내려갈 때가 다르다. 효과가 몸에만 머물지도 않는다. 거대한 토양의 적분으로 이뤄진 산의 효용은 다양한 각도에서 미분해야 제대로 드러난다.

어느 생리학 연구팀이 산행객을 두 그룹으로 나눠 한쪽은 올라갈 때, 다른 쪽은 내려올 때 곤돌라를 타게 했다. 올라갈 때 걸은 그룹은 상대적으로 중성지방 수치가 많이 줄었다. 내려올 때 걸은 그룹은 혈당이 상대적으로 더 많이 떨어졌다. 심혈관 질환이 걱정될 때는 오르는 코스를, 당뇨가 걱정될 때는 내려오는 코스를 신경 써서 잡으란 얘기로 이해해도 되겠다. 산악지대가 많은 오스트리아의 연구진이 두 달에 걸쳐 성인 40명을 훈련하듯 등산시키며 얻은 결과다.

'허벅지 딴딴' 얘기가 나왔지만, 등산을 논하며

허벅지에 대한 고찰을 게을리할 수 없다. 우리 몸 근육의 3분의 2가 허벅지에 몰려 있다. 산행을 통해 허벅지 근육이 늘면, 그 근육이 더 많은 에너지를 끌어다 쓴다. 에너지는 물론 혈관을 돌아다니는 포도당을 잡아다 만든다. 등산이 심폐 기능 못지않게 혈당 관리에 직접적으로 좋은 이유다.

그런데 실존주의와 유물론을 오가는 철학적이고 심리적인 변화도 혹시 우리 몸의 생화학적 변화에 기대는 건 아닐까? 중성지방과 혈당으로 등산과 하산의 효과를 구분한 오스트리아 연구진처럼 숫자로 실증하긴 어렵겠지만, 해발 1000미터보다 높은 산을 오르면 새로운 환경에 적응하려고 우리 몸이 다양한 생화학적 변화를 시도한다고 한다. 아무래도 등산과 관련해서라면 실존주의나 유물론보다 생화학을 믿어야 하는지도 모르겠다.

워밍업은 끝났다.
이제 산에 오를 차례다.

행복은 지금 있는 공간으로부터의

'이탈' 가능성에 비례한다.

해발 고도를 높일 때

우리는 행복에 잠길 수 있다.

조금은 철학적인

북한산 매뉴얼

흔들리되 무너지지 않는다

꽃으로 피어난 중생대의 추억
_화강암 군집

    도발하듯 하늘로 솟은 북한산의 세 봉우리, 백운, 인수, 만경을 보며 사람들은 삼각산이란 이름을 건넸다. 회색빛 또는 우윳빛의 거대한 세 암괴巖塊는 신비롭기 한량없다. 흙이 쌓여 만들어지진 않았으니 언젠가 솟아났을 텐데, 언제일까.

    수억 년 전 고생대였을까, 이미 중생대에 접어든 뒤일까? 한반도 아래로는 황금빛의 마그마가 유장하게 흘렀다. 비상을 준비하며 잠복한 용처럼 한반도 밑 지하 10킬로미터 부근을 유영하던 마그마는 어느 순간, 서서히 굳기 시작한다. 그리고 1억 7000만 년 전쯤 단단한 바위가 된다. 중생대의 쥐라기 시절, 공룡들이 한창 지상을 휩쓸고 다니던 때다. 거대한 바위층이 지하 세계를 석권했다.

    비상의 꿈을 접고 돌이 된 용은 긴 잠에 빠졌다. 지상을 넘보지 않았다. 그러나 억 년 단위의 시간은 기적을 만들어 낸다. 불가능이란 건 길어야 100년을 기본 단위로 삼는 인간 세상의 일이다. 38억 년에 걸친 생명의 진화가 그랬듯, 시간은 기적의 거처, 그것도 유일한 거처다. 그래서 어떤 기적이 일어났는가 하면….

10킬로미터 두께의 '지상'이 비바람에 깎이고 사라지더니 고이 잠들었던 석룡石龍이 깨어났다. 지상으로 웅장한 모습을 드러냈다. 북한산의 출현이다. 신화처럼, 전설처럼, 거대한 바위 능선은 나중에 서울이라 불릴 한강 이북의 평지를 크고 넓게 감쌌다.

그렇게 한때 마그마였다가 시간과 땅을 뚫고 지상으로 솟아난 바위를 화강암花崗巖이라 부른다. 꽃 화花에 봉우리 강崗. 석영과 장석, 운모가 뒤섞여 희읍스름하다. 연하기도 탁하기도 한 바탕 위로, 까맣고 투명하고 때론 붉은 점들이, 흩날리다 만 눈송이처럼 박혀 있다. 화강암의 우리말인 '쑥돌'의 연원을 알 만하다. 산천에 흔한 쑥이 박힌 돌이라고 옛사람들은 보았다. 아름다운 상상력이다.

그러나 화강암은 차라리 꽃돌이다. 바위 속으로 흩어진 점들은 쑥의 알갱이보다 꽃의 파편에 가깝다. 어느 봄날, 흩날리던 꽃잎들이 바위 속으로 틈입했나. 화강암은 제 속으로 무수한 꽃잎들을 품는다. 북한산은 거대한 꽃돌들이 자신의 견고한 몸체를 널찍하게, 굽이굽이, 아주 멀리까지 펼쳐 놓은 공간이다. 북한산을 거닌다는 것, 그건 도처에 꽃으로 피어난 바위들과 쉼 없이 부딪치는 일이다.

주말이면 수많은 인파가 백운대로 몰린다. 계절도 가리지 않는다. 산 중턱에 자리한 도선사까지 택시나 승용차, 관광버스를 타고 오르면 고작 한두 시간 산행만으로도 백운대 정상에 선다. 하루재에서 숨을 고르고, 위문(백운봉 암문)에서 마음을 다잡고 나면, 백운대 837미터 고지로 향하는 화강암 군집이 눈앞에서 수직으로 상승한다.

온몸으로 가파른 백운대와 부딪치면서, 사람들은 한두 번쯤 정신을 잃는다. 거대 암벽에 압도되고, 강력한 지기地氣에 감전되고, 때때로 나타나는 운해, 그 구름바다에 탄식한다. 미美가 사라진 자리에 숭고崇高가 들어선다.

형이상학적인 미와 숭고의 저변에 수억 년 전 마

그마의 기억이 깔려 있다. 주체할 수 없는 욕망처럼, 땅속을 분분히 헤집고 다니던 용틀임의 기억. 백운, 인수, 만경을 이룬 화강암 속에는 그렇게 불덩이 같은 욕망과 비상의 꿈이 꽃잎처럼 녹아 있다. 풍수風水를 들먹이지 않아도, 북한산은 한 마리의 거대한 용이다. 중생대 쥐라기에 화석화된, 그러나 1억 7000만 년이 흐른 뒤 역동적인 화강암의 능선으로 부활한 용이다.

 북한산을 거닐면서, 우리는 용을 만나고 꽃을 만난다.

고귀한 것들은 자신을 감춘다

거대한 세월을 품은 북한산의 화강암 군집은 아주 높이까지 솟아 멀리서도 유별나다. 그 모습이, 서울을 동쪽으로 멀리 벗어난 천마산에서도 보인다기에 날을 잡아 기차를 탔다. 경춘선을 타고 창밖을 내다보는 잠깐 사이 갈매·별내 스치고 퇴계원 지나더니 금방 천마산역이다.

해발 810미터 정상의 천마산 운해雲海를 얘기한 지인이 있었다. 이른 아침, 봉우리를 감싸는 구름바다가 장관이라 했다. 천마산 가는 김에 성스러운 구름바다도 보고 싶었다. 그러나 짙고 습한 안개가 초행자의 산행을 두텁게 막아섰다. 그런데 운이 좋았나, 덕을 쌓았나. 발아래로, 구름바다의 절경이 안개를 뚫고 펼쳐지고 만다.

은빛의 화강암 군집 역시, 짙은 안개를 뚫고 빛나는 모습을 멀리 보여 줄까.

꽤 오랜 시간을 천마산 구름바다 위에 머물렀지만, 한때는 마그마였다가 홀연히 꽃으로 피어난 중생대의 바위들은 끝내 모습을 드러내지 않았다.

아쉬웠다.

그래서인지 천마산을 내려오는 동안 급경사의 단조로운 흙길은 심할 정도로 지루했다.

몇 주 전, 능선을 따라 북한산을 내려올 때 발밑으로 전해지던 짜릿함이 계속 떠올랐다. 중생대의 화강암 속엔 자력과 함께 매력이 가득하다.

북한산처럼 우리 곁에 흔해 고마움을 느끼지 못하는 것들이 많다.

그렇게 고귀한 것들은 수줍은 듯, 부끄러운 듯 자주 자신을 감춘다.

전체 구조부터 알아야 한다
―청수동 암문

북한산엔 몇 개의 봉우리가 있을까.

고지도가 전하는 말 다르고, 요즘 지도들이 하는 말 달라 헷갈린다. 웬만한 언덕에도 ○○봉이란 이름을 붙이는 호사가들까지 합세해, 많을 때는 그 숫자가 마흔 개에 이른다. 혼돈 중에는 자신만의 기준을 세우는 게 최선이다. 내 기준은 도봉산의 자운봉과 만장봉 곁을 거닐다 내려오는 중에, 전철 1호선 도봉산역 쪽으로 통하는 탐방지원센터에서 얻는 '북한산 국립공원 안전지도'다. 북한산과 도봉산을 묶어 '북한산 국립공원'이다. 지도에는 북한산의 봉우리들도 또렷하다.

그런데 들여다보니 동국제약이 후원해 만든 지도다. 왜 동국제약일까 궁금할 틈도 없다. 지도 한구석에 "새살이 솔솔"이란 카피와 함께 "마데카솔" 네 글자가 쓰여 있다. 산행 중에 무릎이라도 까지면 마데카솔 연고 사서 바르란 얘기다. 제약회사에서 마케팅하는 분들 참 예민하고 기민하다.

집에 가는 전철에서 지도를 펴고 봉우리들을 하나하나 짚어 봤다. 지도의 어느 곳에서 출발할까? 청수동 암문에서 시작하기로 했다. 언젠가 북한산 문수봉 아래, 청수동 암문에서 어디로 갈지 고민한 적이 있다. 청수동 암문은 북한산 산행의 요충지다. 북한산의 주요 능선 세 개가 만나고 헤어진다.

산성 주능선
북쪽으로 산성 주능선을 타면 문수봉, 시단봉, 용암봉, 노적봉을 거쳐 만경대, 백운대, 인수봉으로 향한다(일곱 개). 백운대 아래 위문에서 우이령 가는 우이능선을 타면 영봉이 추가된다(한 개). 위문에서 대서문으로 내려가는 원효봉능선을 타면 염초봉, 원효봉이 기다린다(두 개).

의상능선
서쪽으로 의상능선을 타면 나한봉, 나월봉,

증취봉, 용혈봉, 용출봉, 의상봉이 차례로 솟았다
가라앉는다(여섯 개).

비봉능선

산성 외곽 방향 구기동, 불광동으로 이어지는
비봉능선을 타면 승가봉, 비봉, 향로봉, 족두리봉을
만난다(네 개). 승가봉 지나 사모바위에서 진관사
쪽으로 방향을 틀면 응봉능선에서 응봉을 만난다(한
개). 빠진 데가 있다. 문수봉 옆으론 보현봉이
우뚝하고(한 개), 대성문에서 대성능선을 거쳐
평창동으로 내려가다 보면 형제봉이 나타난다(한 개).

헤아려 보아야 부질없지만 그래도 아쉬워 더해
보면 모두 스물셋이다. 마데카솔로 유명한 동국제약
이 후원해 만든 '북한산 국립공원 안전지도' 기준으
로 북한산에는 이렇게 스물세 개의 봉우리가 모여
있다.

성과 속을 한데 보듬는 스물세 봉우리

머릿속에 스물세 봉우리를 입력한 후, 맑은 날 하루 골라 종일 북한산을 종횡했다. 그리고 경탄했다. 중중첩첩, 기기묘묘한 봉우리들에만 놀라지 않았다. 씩씩한 등산객을 더 놀라게 한 건 스물세 봉우리에 부여된 이름들, 그 현란한 네이밍이었다. 성聖과 속俗이 서로를 부딪고 아우르는 동안, 자연이 그 사이를 중재하고 보듬는 진경珍景이다.

성

의상봉에 서면 저 멀리 산성의 반대편으로
원효봉이다. 의상과 원효의 동행과 결별은 불교사를
넘어 많은 이들에게 감화를 준 드라마다. 첨단의
불교를 배우기 위한 중국행, 어느 날 밤 원효의 갈증,
그리고 해골, 알고 보니 썩은 물, 중국행의 단념.
원효와 의상은 제 갈 길을 갔고, 나름의 방식으로

불교를 혁신, 전화轉化했다. 그 걸출한 사상가 또는
신앙인들이 거대한 북한산성을 남북의 양쪽에서
보듬는 중이다.
문수봉과 보현봉은 어떤가. 문수는 지혜의 보살이다.
궁극의 지혜를 상징한다. 정상 부근 은밀한
곳에 문수사가 자리한 이유로, 걸출한 봉우리는
문수봉이란 이름을 얻었다. 그러나 지혜는 홀로
존재하지 못한다. 만행萬行의 보살 보현을 동무 삼아야
세상에 나선다. 700미터 남짓, 문수봉과 엇비슷한
고도의 옆 봉우리를, 사람들은 그냥 두지 않고
보현봉이라 불렀다. 본래 좌문수, 우보현이다. 문수와
보현은 석가모니 부처를 가운데 모신 채 동아시아판
삼위일체를 지향한다, 대웅전 안에서처럼 북한산
정상에서도.

속

북한산은 그러나 성 홀로 득세하도록 두지 않는다. 저
산 아래 불광동에서 시작해 비봉능선으로 이어지는
등산로의 봉우리들은 조선시대 여성들이 예복 입을
때 머리에 올리는 관冠이었다가(족두리봉), 향을 피우는 화로로 변신한다(향로봉). 그렇게 일상을 파고드는가 하면 또다시 천년 역사를 거슬러 신라 진흥왕의 한강 제패를 기념한다(비봉).

자연

그러나 저 멀리서, 높이서 북한산 전체를 부감하는 백운대로 눈길을 돌리면 성도 속도 사라진다. 태고의 암봉을 휩싸고 도는 흰 구름(백운白雲)만 남는다. 그 옆으로 기기묘묘한 봉우리들이 모여 만 가지 경치를 자랑하고(만경대), 대동문 쪽으로 질러가면 일출인지, 일몰인지 붉은 태양을 기리는 시단봉柴丹峯이 조붓하다.

그렇게 쌓인 세월 위로 사람들의 오랜 갈망과 감상까지 더해져, 북한산 봉우리들은 밤낮없이 자신들의 이름을 내걸고 한바탕 쟁패를 벌이는 중이다. 쟁패의 와중에 예상치 못한 절경들이 펼쳐지는데, 문수봉에서 시작해 울근불근, 꿈틀거리며 내려가는 의상능선이 그런 경우다.

어느 가을, 백운대에 올랐다가 웅혼한 기세로 서

진하는 의상능선을 넋 잃고 관망한 적이 있다. 보는 것만으로도 절묘한 능선 위로 일찍이 듣도 보도 못한 풍경이 아득하다. 생사를 초월한 성자의 이미지(나한)가 갑자기 성스러운 달로 변하더니(나월), 다시 움츠린 용이 되고(용혈), 이어 항룡亢龍을 꿈꾸는 비룡飛龍으로 변신한다(용출). 꼭 의상능선 아니어도 북한산의 험준한 봉우리들은 곳곳에서 백가쟁명百家爭鳴의 강기剛氣를 내뿜고, 나는 그 앞에서 많이 작아진다.

『주역』과 산
_흔들린다, 무너지지 않는다

　동양의 정신세계를 신비롭게 감싼 고대의 『주역周易』과 이 세상을 휘두른 채 중중첩첩한 산에는 공통점이 많다.

　『주역』이 뭔지 궁금한 분들이 많을 줄로 안다. 구구한 설명들이 많지만, 간략히 말하면 서양의 타로 카드를 책으로 묶어 놓았다고 보면 된다. 카드 몇 장의 조합으로 미래를 포착해 주는 그 타로 카드 말이다. 타로에는 그림만 그려져 있지만, 『주역』에는 그림 대신 추상적인 기호 예순네 개가 마련되어 있고 각각의 기호에는 예언과 같은 메시지들이 붙어 있다. 타로와 또 다른 점이 있다면, '변화'에 대한 강조다. 『주역』의 예순네 개 기호들은 끊임없이 서로에게 스며든다. 한시도 쉬지 않고, 이 기호에서 저 기호로 자신의 모습을 바꾼다. 새벽에서 낮으로, 낮에서 저녁으로 다시 저녁에서 밤, 새벽으로 변하듯 『주역』의 기호들도 끊임없이 모습을 바꾼다. 서양에서 『주역』은 '북 오브 체인지 Book of Changes'로 통한다. 『주역』은 '변화의 책'이다.

고대 동아시아 사람들은 이 희한한 책으로 점도 치고 마음공부도 했다. 그런데 내가 보기에 『주역』은 이 세상 다양한 풍경의 모음이기도 하다. 이 길로, 저 산으로 헤매고 다니길 좋아하는 내가 『주역』을 좋아하는 이유다. 『주역』의 예순네 개 기호와 행간에는 삶의 풍경이, 세상에서 보기 드물게 애매하고 모호한 방식으로 묘사되어 있으니까.

예를 들면 이런 식이다. 예순네 개의 기호 중에 '산화비山火賁'라는 게 있다. 위에 산, 아래 불이 있는 모양을 글로 나타낸 것으로, '무언가를 장식하고 꾸민다[賁]'는 뜻이다. 오래전 '산화비'라는 기호를 앞에 두고 한참을 고민했다. 위로 산, 아래로 불? 이게 왜 꾸민다는 뜻이지?

'사지사지귀신통지思之思之鬼神通之'라는 옛말이 있다. 생각하고 또 생각하면 귀신과 통한다는 뜻이다. 귀신과 통하고 나면 모르던 것도 알게 된다. 몰입의 힘이 그렇게 대단하다. 그런 지독한 몰입을 지향하며 '위로 불, 아래로 물'을 궁구하고 또 궁구했더니 마침내 귀신이 찾아오고야 말았다. 어느 날 늦은 오후, 서울 모처에서 멀리 보이는 북한산을 하염없이 바라보던 중이었다. 일몰과 석양의 시간이었다. 붉은 태양이 산 뒤로 넘어가는 순간, 북한산과 하늘 전체가 붉고 아름답게 물들기 시작했다.

"아, 저거였구나! 산 아래로 내려간 불덩이가 세상을 붉은색으로 물들이는 광경. 꾸민다는 건 바로…."

이후, 사전에도 없는 '『주역』 연구가'를 자칭하며 정치·시사에 관한 이런저런 얘기를, 이런저런 잡지에 늘어놓곤 했다. 와중에 사람들이 물어왔다.

"『주역』으로 말하고자 하는 게 도대체 뭐요?"

이 질문은 도발적이다. 묻는 이는 말하자면, 동양의 최고 경전으로 꼽히는 『주역』의 비밀스러운 뜻 같은 것을 내놓기를 요구하는 중이다. 어려운 질문이다. 선가禪家에서 초심자들이 흔히 던지는 질문을 떠올려 보자.

"달마가 동쪽으로 온 이유는 뭔가요?"

불교의 진리를 한마디로 요약해 달라는 소리인데, 선禪의 1500년 역사를 털어 직설적인 답을 해준 선사는 한 명도 없다. 그저 "차나 한잔하지!"나 "뜰 앞에 잣나무!" 같은 횡설수설로 입을 막았다. 선사의 배려를 아랑곳하지 않고 답을 내놓으라, 막무가내로 덤벼들면 큰소리로 혼쭐을 내거나(할), 몽둥이로 제압도 했다(방).

사상의 계통은 달라도 『주역』이라고 선에 못 미칠 게 있겠나. 그러니 그 속에 담긴 비밀스러운 뜻을 쉽게 발설하면 안 되겠지만, 북한산을 좀 더 잘 '해독'하기 위해 필요하다는 명분으로 『주역』의 진리를 요약·정리해 본다. 세상사를 상징하는 예순네 개의 기호를 통해, 『주역』이 세상에 던지는 메시지는 세 개다.

1. 흔들린다, 무너지지 않는다.
2. 끊임없이 암시한다.
3. 바라본다, 흘려보낸다.

예순네 개의 기호가 상징하는 우리 삶의 낙관과

비관, 희망과 절망은 언제나 유동적이다. 『주역』의 추상 기호들도 우리 삶만큼 흔들리는데, 흔들린다고 무너지지는 않는다. 대신 쉬지 않고 모양을 바꿔 가며 새로운 기호로 자신의 삶을 이어간다(1). 『주역』으로 미래를 점치는 사람들이 있다. 그러나 『주역』은 확정적으로 알려주지 않는다. 암시만 한다. 그러나 끊임없이, 쉬지 않고 암시한다(2). 『주역』 공부는 기호와 메시지의 현란한 예순네 개 조합을 명상하듯 관조하는 일이다. 사고실험을 통해 현실의 다양성을 간접 체감한다고나 할까. 명상과 관조를 통해 삶의 비애와 흥분을 흘려보낸다(3).

주말이면 오르는 서울의 명승 북한산에서 『주역』 또는 세상의 속내를 발견하고 흠칫 놀랄 때가 많았다. 나한, 나월, 용혈, 용출봉으로 이어지며 북북서로 위태롭게 치달아 내려가는 의상능선을 멀리 두고서는, 흔들리지만 무너지지 않는 융통과 집요를 봤다.

진달래능선을 따라 오르는 길에 겨울에서 봄으로, 봄에서 가을로 향하는 나뭇잎들의 변화를 관찰

하면서, 세상이 보내 주는 미묘한 징조들을 이제는 알아차릴 것 같다는 생각도 했다.

엊그제, 문수봉 정상에 앉아 골격 허옇게 드러낸 겨울의 보현봉을 쳐다보면서는, 이루지 못한 일들에 대한 아쉬움 따위 흘려보내자, 날려 보내자 마음먹었다.

몇 해 전 세상이 막막해 산에 오르기 시작했다. 서울 근교 산에 올라 해발 500~800미터쯤의 친숙한 고도를 나만의 천상으로 여기며 걷고 또 걷고 나면 마음이 후련했다. 그보다 한참 전에 『주역』을 뒤적거리기 시작할 때도 비슷한 마음이었다. 사는 게 막연해 옛날의 경전 속을, 깊은 계곡을 헤매고 다니듯 파고들었다. 그런데 세월을 지내 놓고 보니 세상이나 『주역』이나 산이나 모두 비슷하게 중중하고 뒤지지 않게 첩첩하다. 되지도 않는 질문이지만 그렇게 중중첩첩한 것들 중 하나만 택하라고 한다면, 산이다.

서정과 서사의 황홀한 만남

　우이령을 사이에 두고 남서쪽으로 북한산, 북동쪽으로 도봉산이 펼쳐진다. 두 산은 끊어진 듯 이어져 기다란 타원 모양의 산군山群을 형성한다. 그곳이 바로 북한산 국립공원이다. 그런데 하나의 이름으로 묶여 있고, 좁고 낮은 우이령 고갯길에 의해 간신히 나뉠 뿐이지만, 북한산과 도봉산의 기세는 전혀 딴판이다.

　북한산이 유려한 산문이라면, 도봉산은 운문이다. 그것도 보기 드문 절창의 시詩다. 나란한 두 산의 현격한 차이는 먼 풍경을 오랫동안 쳐다보기만 해도 안다. 서울 도심에서 조금만 시선의 고도를 높이면 북한과 도봉의 산세를 쉽게 감상할 수 있다.

　그중 북한산의 산문적 유장함은 평탄하고 길게 이어진 비봉능선과 부드러운 곡선을 그리며 오르락내리락하는 산성 주능선이 만들어 낸다. 그 끝에서 솟아오른 백운대는 육중하고 믿음직하다. 향로봉에서 백운대까지 이어지는 유려한 선을 가냘프게 뜬 눈으로 따라가 보는 것은 잘 다듬어진 누군가의 인생을 관조하는 일이다. 인생의 황혼에서 그윽한 눈으로 지난날을 돌아보는 일이다.

도봉산은 딴판이다.

완만한 능선을 좀체 보기 힘들다. 하늘을 찌르는 날카로운 기세가 여기저기서 목격된다. 하늘을 찔러대는 산세가 자운봉, 만장봉, 선운봉, 신선대를 만나며 장관을 이룬다. 현란한 리듬을 타고 가볍게 넘실대며 푸른 하늘을 농락하듯 찌르고 또 빠진다. 그 모습이 얼마나 기기묘묘했던지, 사람들은 그 주위에 자줏빛의 구름(자운紫雲)이 피어오른다고 했다.

그래서 북한산과 도봉산을 멀리서 찬찬히 관조하는 것은 서사와 서정의 예사롭지 않은 동행을 감상하는 일이 된다. 삭막한 서울 도심의 북쪽 끝에서 서정과 서사가 어울리듯, 멀어지듯 함께하며 계절에 따라 색을 달리하는 광경이란…. 북한산 국립공원은 그렇게 상반된 정조를 속 깊이 품고, 우울하거나 들뜬 서울의 감성을 차분하게 다잡아 준다.

얼마나 황홀한 일인지.
얼마나 고마운 일인지.

고귀한 것들은 수줍은 듯, 부끄러운 듯

자주 자신을 감춘다.

우리, 무언가
놓치고 있는 것은 아닐까?

아프지 않은 역사는 없다

― 슬픈 백운대

    삶의 경사가 가팔라 힘에 부치면 북한산 스물세 봉우리 가운데 높이로 으뜸인 백운대에 오른다. 삶만큼 가파르고 험준한 백운대의 암릉을 밟으며, 지상에서 살아내느라 얻은 조울躁鬱을 털어낸다. 그렇게 조금은 상쾌해진 기분으로, 837미터 정상을 향해 나를 앞지르고 있는 철제 난간들을 움켜잡다가 생각했다.

    이게 없을 때는 여기를 어떻게 올랐을까?

    부여잡을 철제 난간도 없이, 어떻게 이 험난한 바위 정상에?

    거대한 암릉의 정상 부위를 층층이 감싼 구조물들이 없을 때에도 이리 많은 사람이 백운대에 올랐을까? 누구 한 사람이라도 오르긴 했을까? 암벽을 타는 클라이머들이야 철제 구조물 없이도 스윽스윽 백운대 정상에 잘도 올랐겠지만, 절경도 맛보았겠지만, 나 같은 등산객들은 어땠을까? 위문을 지나 40~50미터쯤 올라가다가 망연히, 막연히 구름에 휩싸인 백운대 정상을 바라만 보았을 것이다. 은산철벽銀山鐵壁으로 솟은 중생대의 화강암에 숙연했을 순간들, 그리고 사람들.

그런데 정상에서 거센 바람을 맞으며, 멀리로 펼쳐진 서울의 북서 방면과 경기도 땅을 보고 있자니 고삐 풀린 상상은 지리만큼이나 멀리 시간여행을 떠난다. 그래, 500년 전, 1000년 전 고려나 조선 때는 어땠을까? 삼국시대에는? 이런 전략적 요충지를 그대로 두었을까? 바라만 보았을까? 어떻게든 올랐던 사람들이 있겠지. 어떻게 올랐을까?

자연에 맞서는 옛사람들의 능력은 현대인들을 능가했다. 암벽을 타고 넘는 건 어느 정도 기싸움의 영역인데, 그들은 자연과의 기싸움에서 유약한 현대인의 수준을 훌쩍 넘었다. 그래도, 그래도 바위틈마저 사라진 곳곳에서 손 두지 못하고, 발 딛지 못해 당황했을 텐데, 그 상황을 어찌 돌파했을까? 두 평 남짓, 백운대 최정상부의 좁은 공간을 다른 이들에게 내어주고, 내려오다 단서를 발견했다.

> 넝쿨 움켜쥐며 푸른 봉우리에 오르니
> 흰 구름 가운데 암자 하나 걸려 있네.
> 눈에 보이는 곳 우리 땅으로 한다면
> 오월의 강남땅도 그 속에 있으련만.

『연려실기술』에 수록되어 있다는 조선의 태조 이성계의 시다. 백운대 정상 부근에 세워진 안내 구조물의 내용이다. 원문은 물론 한자이고, 제목은 〈등백운봉 登白雲峰〉이다. 그러니 이성계가 백운대에 직접 오른 뒤에 쓴 시다. 바다 건너 오나라, 월나라의 중국 땅을 어찌 육안으로 볼 수 있겠나. 하지만 한 나라를 일으킨 인물이 간만의 산행에 취해 뱉은 호언과 장담이니 넘어가 주기로 하고 시를 살피자. 중요한 건 이성계가 '넝쿨'을 움켜쥐며 '푸른' 봉우리에 올랐다는 사실이다.

사람들이 제 몸속으로 품고 와 내뿜는 도시의 독기와 우악스러운 등산화들의 공격으로 지금은 밋밋한 바위의 연속일 뿐이지만, 500년 전엔 달랐던 모양이다. 바위 사이사이로 질긴 넝쿨들이 뿌리를 박았다. 어쩌면 나무들도 있던 걸까? '푸른 봉우리'는 그저 시적 표현일 수 있지만, 나뭇잎의 푸름을 굳이 배제할 필요는 없지 않을까.

조선의 왕이 힘겹게 올랐던, 넝쿨 넘쳐나고 푸르른 백운대는 이제 없다. 주말이면 수천의 등산객이 거의 짓밟는 수준으로 백운대를 오르내린다. 주말 한낮의 백운대는 명실상부, 도떼기시장이다. 철구조물 총총한 외길을 지나기 위해 한참을 기다려야 한다. 태극기 휘날리는 백운대 최정상에서 인증 사진을 찍으려는 사람들의 긴 줄과 소란은 불쾌하기까지 하다. 세월과 풍파에도 아랑곳하지 않던 거대 화강의 암릉은 이제 맨살을 다 드러낸 채로 피곤하고 창백하다.

그러니 이제는 슬픈 백운대라 해야 할까.

흰 구름[白雲]에 휩싸인 채 멀리서도, 가까이서도 신성하고 거룩했던 영봉靈峯 백운대는 이제 지쳤다. 아프고 우울하다. 상처와 우울의 연원까지 명백하고 뚜렷해 더 미안하다. 백운대를 주말의 시장市場으로 만든 두 가지 '역사적 행위'가 있었기 때문이다.

푸른 백운대에 처음 철제 난간을 설치하고 계단을 만든 건 일제 강점기의 조선총독부다. 서릿발 같은 백운대의 정기精氣를 두고 싶지 않았을 것이다. 일본은 등반대회까지 여러 차례 열어 백운대를 밟고 또 밟았다. 민족의 영산을 시장바닥으로 만들고 싶었다.

또 한 가지 일은 1960년대 박정희 정권의 초창기에 있었다. 우이동에서 도선사로 통하는 도로를 넓게 냈다. 일단 도선사 곁에 서면 백운대는 한달음이다. 숙련된 산악인이 아니어도 맘먹으면 휴식 없이 백운대까지 치고 올라간다. 백운대는 그렇게 관광지가 됐다. 도로와 쇠 난간이 백운대를 아프게 했다.

그래도 이미 뚫린 산행의 길을 막겠는가. 도로를 없애고 박힌 난간을 뽑을 수는 없는 일이다. 하지만 우리들의 발걸음과 호흡으로 인해 100년 가까이 신음해 온 백운대의 우울과 상처를 마음으로라도 보듬어야 하지 않을까. 그래서, 이제부터 백운대 위에 선 우리 모두 초라해지자, 작아지자. 잠깐이라도 경건한 마음으로 서울을 지켜온 성산聖山에 예를 표하자, 그리고 제발, 소란 떨지 말자.

산이라는 추상화, 산이라는 시

그렇게 슬픈 백운대 그리고 그 옆의 만경대와 인수봉은 서울 어디에서나 보인다. 멀리서 멍하니 바라보는 북한산은 가끔 추상화 같기도 하다. 사실은 북한산 아니어도 모든 산이 그렇다. 크고 작은 삼각형들로 끝없이 이어진 기하의 공간으로 봐 주지 못할 이유가 없다. 유명 화가들의 습작에서, 작품에서 산들은 실제 그런 기미를 보기도 한다. 산세의 굴곡도 쳐내고, 무성한 나무들도 쳐내고, 여기저기 삐져나온 암석들도 쳐내고 나면 남는 건 하늘로 솟은 삼각형들이다.

산은 그렇게 어떠한 정情도 없이 형이상학적으로 고고하기만 한 피조물로 보이기도 한다. 그런데 그렇게 도저한 추상의 공간에 어떤 이들은 지극한 서정을 풀어 놓는다. 1000년 전 중국의 시인들이다. 중문학자 김성곤 교수가 출연하는 중국 기행물을 즐겨 보는데, 그때마다 산을 노래하는 한시漢詩의 아름다움에 빠진다. 절묘한 중국식 성조에 위탁해, 잔잔한 시를 일거에 노래로 만들어 주는 김성곤 교수의 음송도 탁월하다. 주말의 모니터 앞에서, 산에 숨겨진 채로 오랜 세월 숙성된 그들의 서정이 깊고 진해 넋을 놓을 때가 많다.

두 사람이 대작하니 산에 꽃 핀다
한 잔 한 잔 또 한 잔
나 취해 졸리니 그대 그만 가시게
내일 아침 생각 있거든 거문고 안고 오든지

시선詩仙이라 불리는 이백李白의 노래다. 〈산중에서 은자와 술을 마시다〉라는 제목이 붙은 시다. 얼마나 진기한 풍경인가. 두 사람이 술을 나눈다. 날이 기우는데 먼 산에 불 밝히듯 붉은 꽃들이 핀다. 그들은 술에 취하고, 세상은 꽃에 취한다.

두 사람의 생
그 사이에 핀

벚꽃이어라!

심상은 문득, 바다 건너 일본의 하이쿠까지 옮겨 가고 만다.
이런 시는 또 어떤가.

산중에 무엇이 있나 하셨지요
봉우리마다 흰 구름 많습니다
스스로 즐기고 사랑할 뿐이니
황제께 보내드릴 수는 없죠

위진남북조 시대를 살던 도홍경이란 인물의 시라 한다. 산을 오르는 사람들이라면 예외 없이 품을 자부심이라 생각한다. 천상의 상서로운 구름을 보는 이들은, 세속의 물질에 연연하지 않는다. 차디찬 겨울 아침, 부지런한 걸음으로 올라선 정상에 선 사람이 바라보는 구름의 운집은, 몸에 쌓인 독소를 일거에 풀어 헤치는 장관이다. 그 즐거움을 누구에게 보내드릴 수 있을까? 오롯이 나와 내 곁 산객들만의 몫이다.

드라마도 서사도 찾기 어려운 산행에 흥미를 잃은 적이 있다. 그때마다 산을 노래한 몇 개의 시들이 불현듯 떠올라 다시 등산화를 조이곤 했다. 유명 시인의 노래가 아니어도, 산 구석구석엔 이웃들의 말 없는 애환들이 스며들어 있는 것 같다. 값비싼 여가를 멀리하고 그저 해발 고도를 거스르는 데서 주말의 즐거움을 찾는 사람들의 수줍은 서정 말이다. 티 내지 않는 이들의 은근한 서정을 발견하는 건 산행의 또 다른 기쁨이다. 그것을 누구 다른 사람에게 나눠 주겠나. 1500년 전 중국 시인을 좇아 스스로 즐기고 사랑할 뿐이다.

정치적인 너무나 정치적인

_아픈 백운대

백운대 얘기를 마저 해야겠다.

조금 멀리 돌아볼까.

극장에서 〈애국가〉를 듣던 시절이 있었다. 영화가 시작되기 전 관객들은 일제히 자리에서 일어났다. 합창이었는지 바리톤이었는지 소프라노였는지 기억나지 않는, '동해물'에서 시작해 '보전하세'로 끝나는 노래를 들으며 어둠 속 청춘들은 무표정했다. 그렇게 심드렁하게 〈애국가〉를 보고 들어야 했던 세월이 1971년에서 1989년까지, 20년 가깝다.

구시대의 끝물에 허랑한 청춘 몇 년을 걸친 까닭에, 당시 극장 분위기를 좀 아는 편이다. 그런데 의아하다. 그때 우리는 왜 그리 순순했을까? 일방적으로 주입되는 〈애국가〉를 왜 경청만 했을까? 요즘 말로 하면 TPO(시간·장소·상황)를 깡그리 무시한 정부의 폭거暴擧였는데….

어둠 속 〈애국가〉 송출이 여전히 한창이던 1988~1989년이면 거리의 시민들이 대통령 직선제를 쟁취하고도 1년은 지난 후다. 정치적 자유는 얻고도 영화 감상의 자유는 얻지 못했던, 참으로 어처구니없는 과도過渡의 시절이다. 그런데 어느 날, 점심을 즈음해 북한산 백운대에 올랐다가 오래된 시대착오의 추억을 주억거렸다.

한낮의 백운대에는 수백 명의 등산객이 빼곡했고, 정상을 향한 20~30미터의 줄은 지루할 만큼 길었다. 그 끝에서 태극기 한 장이 심란하게 펄럭이는 중이다. 순간, 심연과도 같은 불화를 느꼈다. 이 시간, 저 자리에 왜 태극기가…. 주말의 이른 아침 화강암들의 절경이 보고 싶어 산을 찾은 나는 왜, 바람에 펄럭이는 태극기와 그 깃발을 경배라도 하려는 듯 늘어선 행렬을 봐야 했나.

물론 그들은 태극기를 경배하지 않는다. 태극기는 액세서리일 뿐이다. 해발 836.5미터, 북한산 정상의 백운대 표지석과 그 주위를 맴도는 바람을 배경으로 찍힐 인증 사진의 포인트 같은 거다. 점심을 먹은 후, SNS에 올릴 인증 사진을 통해 그들은 자신들의 부지런함과 어쩌면 가상일지 모를 행복을 뽐낼 것이다.

그런데 정말 그곳엔 왜 태극기가 있을까? 백운대의 태극기를 처음 본 게 아닌데, 족히 수십 번은 보았을 텐데 그날은 영 아귀 맞지 않는 애국의 풍경이 생소했다. 긴 행렬의 소란과 흥분이 잦아들면 갑자기 동해물과 백두산이 마르고 닳도록…, 애국가의 첫 소절이 울려 퍼질 것 같았다. 70~80년대의 어두운 극장 속으로 기어들어가 기립이라도 해야 할 것 같았다.

중년의 과도한 감성感性과 감상感傷을 나무랄 분도 있겠다. 서울 하늘 위로 깃발 하나 더 펄럭이면 어때, 그게 태극기이면 어때, 다 같이 도열해 국기에 대한 맹세나 국민헌장을 암송할 것도 아닌데 뭐 어때…, 생각하실지 모른다. 하지만 그게 단순한 문제는 아니다.

거친 암반으로 구성된 백운대는 인수봉만큼 어렵진 않아도 맨몸, 맨손으로 오를 곳이 아니다. 육중한 철골과 치렁치렁한 와이어가 없다면 우리는 동네 뒷산처럼 백운대를 오르지 못한다. 그런데 험한 암반 위로 주말의 등산로를 낸 이들은 우리의 수십 년 세월을 강점했던 일제다. 그들은 성스러워 보이는 북한산 정상이 말 그대로 짓밟히는 모습을 보고 싶었다. 비 온 뒤 새벽이면 보랏빛 상서로운 구름이 봉우리를 감고 도는 적막과 신비 앞에서 그들은 막연한 불안을 느꼈을지 모른다. 자신들의 불온한 강점이 벌 받지 않을까 걱정했을 게다.

그렇게 보면, 백운대 정상의 태극기는 100년 전 그들의 만행에 대한 은연중의 반발이기도 하다. 하지만 백운대에 쇠말뚝과 철골을 심은 것도, 세월이 지난 뒤 등산로의 종착지에 태극기를 꽂은 것도 어찌 보면 다 같이, 고도의 정치 행위 아닐까.

속세로부터 떨어져 있는 것 같아도 산은 사실, 정치로부터 자유롭지 않다. 긴 세월에 걸쳐 강건했던 '정치 공간' 서울을 곁에 둔 북한산은 말할 나위 없다. 18세기 초반 숙종은 군사적 열패감과 외침에 대한 두려움을 이기지 못해 북한산 중심부에 산성을 둘렀다.

북한산의 요새화 여부와 시기를 둘러싸고 조선 조정에서 벌어졌을 논쟁을 떠올려 보라. 정치로부터 정말, 북한산은 자유롭지 않다. 300년 전에 만들어진 북한산성을 따라 걸으며 때로 답답함을 느끼는데, 그건 가로막힌 외부 풍경에 대한 갈증만은 아니다. 천혜의 자연을 가둔 세속의 정치에 대한 불만이다.

산 특유의 은밀함이 정치를 불러들이기도 했다. 1980년대 초반, 신군부에 의해 손발이 묶였던 김영삼은 민주산악회를 통해 '정치'를 재개했다. 민주산악회의 첫 산행이 북한산 등반이었다. 엄혹한 시절의 김영삼에게 산은 유일무이한 정치 공간이었다. 산을 오르며 동지를 규합했고, 산 위에서 정치 일정을 짰다. 외신기자들과의 인터뷰도 북한산에서 이루어졌다.

북한산과 함께 북한산 국립공원을 구성하는 도봉산의 초입도 선거 때면 정치로 시끌시끌하다. 산은 많은 사람이 일거에 모여드는 곳이고, 당선을 꿈꾸는 이들에겐 유세의 최적지다. 어느 해인가에도 대통령 선거를 앞두고, 국가혁명당을 비롯한 여러 정당이 주말마다 도봉산 입구를 점거했다.

어쩌면 산에서 비非 정치, 탈脫 정치, 무無 정치를 찾으려는 시도 자체가 무망한 건지도 모르겠다. 산은 성스러워서(철골과 태극기), 험난해서(축성), 은밀해서(민주산악회), 번잡해서(국가혁명당) 정치적 공간이 되고 만다.

그럼에도 불구하고 일체의 정치를 탈색한, 그래서 속세와 무관한 산을 꿈꾸는 것은, 계곡의 심오深奧와 능선의 활발活潑과 봉우리들의 지고至高를 여과 없이 느끼고 싶어서다. '대한늬우스'의 한 컷이 되어버린 영화관의 애국가처럼, 백운대 정상의 태극기도 언젠간 지난 시대의 추억이 되어 주길 바라는 것은 불충한 일일까.

혼자 남아도 두려움 없이

_숨은벽

위문을 지나 백운대로 오르는 중에 샛길이 하나 있다. 그 길을 통해 장흥, 양주 쪽으로 오르고 내리다가 100년 전의 소설가 이상을 떠올린 적이 있다. 이상의 단편 소설 〈날개〉의 엔딩은 누구에게나 절창이다. "희망과 야심의 말소된 페이지가 딕셔너리 넘어가듯 번뜩이는" 순간, 주인공은 겨드랑이가 가렵고 혀끝이 간지럽다. 무언가 외치려다 숨을 삼킨다.

날자. 날자. 날자. 한 번만 더 날자꾸나.
한 번만 더 날아 보자꾸나.

〈날개〉의 주인공처럼 오랫동안 혀끝에 맴도는 소리가 내게도 있었다.

숨자. 숨자. 숨자. 한 번만 더 숨자꾸나.

한 번만 더 숨어 보자꾸나.

 숨고 싶었다. 창피해서, 지쳐서, 꼴 보기 싫어서, 너무 나대고 난 뒤에, 날이 너무 환해서, 후회와 회한에 숨고 싶을 때가 많았다. 그러나 누구 하나 예외로 두지 않는 과잉 노출의 시대에 숨는 건 쉽지 않다. 숨으면 지고, 잊힐 것 같다. 지고 잊히는 게 별일은 아니지만, 그래도 숨으려다 만다. 숨었다가도 금방 튀어나온다. 그래서 하는 얘기인데, 북한산의 '숨은벽'은 요즘 같은 노출의 시대에 더 대단하다. 백운대 오르는 중에 나타나는, 밤골 방향 샛길이 숨은벽으로 가는 은밀한 길을 열어 준다.

 북한산의 '톱 3'는 백운대(836.5미터), 인수봉(811미터), 만경대(800미터)다. 숨은벽 정상 봉우리의 높이는 768미터다. 톱 3가 으뜸이면, 숨은벽은 버금들 중 수위다. 저 멀리 북한산 남쪽의 랜드마크인 문수봉과 보현봉도 700미터를 조금씩 넘긴다.
 예리함과 치솟음의 측면에서 숨은벽은 북한산 전체 봉우리 중 무시할 수 없는 존재다. 그런데 내내 숨어 있었다. 얼마나 숨었으면 이름마저 숨은벽인가. 그나마도 1970년대에 한 산악회가 붙여 준 이름이다. 평생을 이름 없이 살다가, 느지막이 얻은 이름이 숨은벽이라니. 그 정도 무명無名과 은거隱居는 범인凡人의 일이 아니다.

백운대를 수없이 오르내리면서도 숨은벽의 존재를 몰랐다. 몇 년 전 지인이 물었다. 숨은벽으로도 가끔 올라? 나는 의아했다. 백운대 오르는 길이란 게 뻔한데? 우이동 쪽이라면 도선사에서 하루재 넘고 백운산장을 거쳐 위문에 도착해야 한다. 북한산성 입구 쪽이라면 서암문에서 출발해 원효봉능선을 타든지, 대서문을 통해 계곡을 헤치든지 역시 위문에 들어야 한다. 위문이 그렇게 백운대의 유일 관문인 줄로만 알았다.

그런데 어느 날 백운대 올라갔다가 내려오는 길에, 위문 못 미쳐 왼쪽으로 빠지는 길을 발견했다. 밤골로 향한다는 표지판이 눈에 겨우 띌 만큼 가냘프게 세워져 있다. 혹시…? 바위와 자갈 그득한 길을 내려갔다. 밤골 표지를 따라가다 사기막골 방향으로 갈아타니, 듣도 보도 못한 능선이 펼쳐진다.

산성 넘어 반대편 의상능선의 기기묘묘와는 또 다른 풍경이다. 조금은 신경질적이고 거친 듯, 그러나 북한산과 도봉산의 주요 봉우리들을 좁은 각도로 한데 모아둔 절경. 그리고 숱한 벼랑을 좌우로 흘린 능선들의 아찔한 전개….

잠적과 은거 중에 무시 못 할 내공이 자란다. 다시 잠깐,『주역』얘기를 꺼내 들자면 택풍대과澤風大過 괘의 형국이다. 사람으로 말하면 하체가 부실한 상황, 집으로 빗대면 대들보가 무너질 조짐을 표현한 괘다. 파탄과 장기간의 고립이 예상되는 난감한 상황에서『주역』은 여덟 글자의 처방을 제시한다.

독립불구 둔세무민 獨立不懼 遯世無悶

혼자 있어도 두려워 마, 숨어 살아도 번민하지 마…. 두려움과 떨림에 지면 은거는 없다. 공포와 번민을 속으로 삭이고 이겨야 제대로 된 은거가 가능하다. 그만한 내공 없는 은거는 자아의 황폐로 이어진다. 끔찍하고 황망해.

그럼, 전설처럼 백운대와 인수봉 뒤에 숨어 태고

의 세월을 은거한 숨은벽은 어디에다 자신의 내공을 숨겨 뒀나. 자신을 드러내지 않기 위해, 드러내지 않았기에 쌓은 내공을 어느 구석에 감춰 두었을까.

백운산장에서, 위문에서 백운대와 인수봉을 앞에 두고 아무리 살펴봐도 숨은벽은 제 모습을 보여주지 않는다. 고개 넘어 북한산성 입구 쪽에서라면 보일까? 보이지 않는다. 구파발 출발을 기준으로 북한산성 입구를 한참 지나 북쪽, 사기막골 부근으로 가야 숨은벽은 예리한 능선을 슬쩍만 비친다.

보이지 않는 숨은벽을 향해 백운대와 인수봉의 틈을 파고든 그날, 절경과 함께 내공을 보았다. 백운대 정상에서 출발해 밤골, 사기막골 표지판을 따라 가파른 숨은벽능선을 타고 내려오다가(험한 곳이 많아 능선 전부를 타진 못해요!) 뒤를 돌아보았다.

외로운 능선과 절박한 벼랑들, 그 위로 거친 바람…. 능선과 벼랑과 바람이 만나는 지점마다 차가운 긴장이 피어올랐다. 겨울 안개 같은 그 긴장이야말로 오랜 시간 은거를 택한 숨은벽의 내공, 그 흔적이라 생각했다.

웬만한 북한산 지도에도 잘 드러나지 않은 숨은벽을 가끔은 찾아가 볼 생각이다. 그렇게 숨은벽과 친해지다가, 나도 언젠가는 한번 이 세상으로부터 감쪽같이 숨어 볼 생각이다.

융프라우

_열정은 경계를 허문다

7년 전, 운 좋게 알프스에 간 적이 있다. 광대한 알프스의 권역 중 '스위스 알프스'의 중심에서 아이거(3970미터), 묀히(4110미터), 융프라우(4158미터) 세 봉우리가 하늘을 찌른다. 서울 복판에서 어울린 백운대, 인수봉, 만경대처럼 유럽의 걸출한 세 봉우리는 서로를 능가하고 보듬으며 치솟는 중이다.

그런데 알프스 중심에 있는 세 개의 육중한 산을 터널 하나가 휘돌며 관통한다. 아이거의 북벽을 뚫고, 묀히의 정면을 스쳐 융프라우의 '요흐'에서 멈춘다. 100여 년 전의 서툰 공법으로 그 거대한 산들을 이으려고 사람들은 무진 애를 썼다. 아, 능선으로 달리던 산이 움푹 꺼진 안부鞍部를 현지 말로 요흐라 한다. 융프라우 요흐에는 유럽 최고最高의 기차역이 있다. 알프스에 간 것도, 융프라우 요흐로 향하는 기차를 타기 위해서였다.

그렇게 올라간 유럽 최고의 기차역에서 심한 현기증에 시달렸다. 오르기 직전, 동행 한 명이 권했던 다용도의 알약 하나(비아그라)를 먹었더라면 현기증을 피했을지도 모르겠다. 그런데 그날의 현기증은 정말 고산병이었을까.

해발 3454미터에 자리한 융프라우 요흐의 종착역은 그날 나를 강하게 튕겨냈다. 소담한 기차를 타고 유럽 최고 높이의 기차역에 내리고 얼마 지나지 않아 생긴 일이다. 하늘 가까운 곳의 만년설은 투명하고 날카로운 역광을 쏴댔다. 나는 겪어 보지 못한 어지럼증에 당황해 뒷걸음쳤다. 해발 3000미터가 그리 대단한 높이였던가. 1000미터 안팎, 한반도의 산들을 쏘다니며 우쭐하던 시절이 부끄러웠다. 조용히, 다시 기차를 타고 비틀거리며 지상으로 내려왔다.

내려오며 생각했다. 갑작스러운 현기증은 어디서 왔을까? 기압의 급변으로 인한 호르몬과 신경계의 교란이 직접 원인이다. 기차에 의지한 수직 상승 탓이었을 수 있다. 내 발로 찬찬히 고도를 올려 갔다면 없었을 현기증일지 모른다. 전날의 과음과 소란이 부른 일시적 착란일 수도 있다. 아니면 모종의 경계를 넘어서려 한 데 대한 자연의 보복일까? 비행체가 소리의 속도 '마하'를 넘어서면 쾅 엄청난 폭발음이 터진다. 급하게 오른 3000미터도 나에게 그런 경계, 한계였을까? 때아닌 쇼크가 어떤 탈주, 이탈에 대한 경고로 읽혔다. 현기증의 와중에 자꾸 경계란 말이 맴돌았다.

융프라우 기차는 인터라켄이라는 스위스의 조그만 마을에서 출발한다. 호수(라켄) 사이(인터)에 있어 인터라켄이다. 초승달, 그믐달처럼 생긴 호수들…. 인터라켄은 해발 567미터의 분지다. 남쪽으로 융프라우의 거대한 산군을 세우고 있다면, 북쪽으로는 해발 1322미터의 병풍 같은 절벽 하더클룸을 두르고 있다. 그중 천혜의 분지를 북쪽에서 껴안은 하더클룸에 서면 융프라우 좌우로 멀리까지 펼쳐진 알프스가 한눈에 들어온다. 그야말로 압도적인 경계다. 인간이 쌓아 올린 만리장성 정도는 오막조막한 구조물로 격하시킬 풍경이다.

현기증의 다음날, 엔간히 돌아온 정신을 부여잡

고 하더클룸에 올랐다. 맞은편 경계를 오랫동안 쳐다보고 있으니 '역사들'이 떠올랐다. 1500년 전 로마와 게르만이 대결하고 융합하던 고대 막바지의 스토리들이 머릿속에 그려졌다. 거칠고 성스러운 알프스는 문명(로마)과 야만(게르만)을 갈랐다. 문명과 야만은 오랫동안 갈등했다.

중부 유럽의 어둑한 숲에서 큰 덩치로 야생과 싸웠을 게르만들은 남진을 거듭하다 알프스를 맞닥뜨렸다. 숭고하게 솟은 설산을 넘어 다른 세계를 만나고 싶었다. 그곳엔 황금빛 올리브유와 붉은색 와인 그리고 노릇한 빵들이 널려 있을 것이다. 탈속의 신전 주위로 웅장한 건축과 세련된 조각이 즐비할 것이다.

그러나 게르만의 꿈을, 알프스는 쉽게 허락하지 않았다. 해발 3000미터, 4000미터로 치솟아 막막한 경계 앞에서 그들은 당황해야 했다. 현기증 같은 좌절을 느꼈다. 만년설로 덮인 거대한 장벽 너머로 유토피아가 있다. 넘을 수 없다.

그러나 끝내 넘고야 마는 게 인간이다. 불가침의 성산을 그들은 어떻게 넘었을까? 그날 하더클룸 위에 선 여행객의 궁금증을, 옆에 있던 동행이 조용한 목소리로 풀어 주었더랬다. 게르만들은 알프스 산맥 곳곳에서 그들만의 '패스pass'를 발견했다. 아무리 높은 산도 고도를 낮추어 계곡을 만들지 않는가. 패스 주위 마을엔 민박과 금융도 발달했다. 경계는 언젠가 허물어진다.

 게르만뿐일까? 1500년 전 거대한 경계의 점진적 해소를 스케치해 준 당시의 동행 한 분을 아직도 기억한다. 비즈니스와 삶의 경계를 무너뜨리며 살아온 분이다. 20년 넘게 융프라우 철도의 한국 사업을 이끌며 알프스를 알려 왔지만, 그게 비즈니스 때문만은 아니었다. 비행 거리만으론 설명되지 않는 알프스의 생소함처럼, 재질과 높이로 환원되지 않는 아이거·묀히·융프라우의 영기靈氣처럼, 일과 삶의 경계는 늘 모호하다.

 초유의 팬데믹이 모든 여행을 고사시켰던 몇 년 전 절박한 가을의 일이다. 알프스 여행에 동행했던 사업가가 융프라우에 관한 새 소식 하나를 들고 찾아왔는데, 난감한 상황에도 불구하고 그저 홀가분한 표정이었다. 그해 겨울 초대형의 첨단 곤돌라가 아이거의 그 악명 높은 북벽을 도발적으로 거슬러 융프라우 요흐에 도착한다는 소식(아이거 익스프레스 개통)을 그는 조용히 전해주었다. 사업의 존폐를 걱정해야 할 난관에도 불구하고, 그는 묵묵히 자기 일을 수행하며 삶과 일의 경계를 허물고 있었다. 열정은 경계를 넘나든다.

그러나 경계 앞에서 주춤하곤 하지만 끝내 그 경계를 넘어서는 것이 특정한 민족, 특정한 사람들의 전유물일까? 우리는 모두 저마다의 경계와 한계 앞에서 현기증을 느낀다. 하지만 다시 그 경계를 향해 걸어간다. 열정 때문이든, 울분 때문이든, 의무 때문이든 그 걸음은 미지의 영역을 향한 도전이다. 그 옛날 게르만의 알프스 월경越境이 그랬듯이….

무언가에 가로막혀 답답하고 막막할 때는, 북한산의 낮은 봉우리라도 넘을 생각을 한다.

산 하나를 넘는 일은 언제나, 우리의 분투를 가로막는 경계와 한계를 허무는 일이라 믿는다.

진짜 정보는 은밀한 공간 속으로
_도선사 입구

　백운대로 향하는 최단 루트도 서울 우이동 도선사 입구에서 시작한다. 버스로만 통하던 길이었지만, 경전철 우이-신설선이 개통하면서 접근이 편해졌다. 주말이면 두 량의 조그마한 전철이 등산객들로 북적댄다. 1970~80년대 산행 기록을 보면, 버스도 없어 미아나 수유 부근에서 오직 백운대 정상을 밟기 위해 이 먼 곳까지 걸어왔던 시절을 확인할 수 있다.

　발 빠른 사람들은 이곳에서 백운대 정상까지 두 시간이면 걸어간다. 도선사 바로 밑 주차장을 산길로 우회해 하루재를 거치고 위문으로 치고 올라간 뒤 오른쪽으로 방향을 틀어 백운대 정상으로 향하는 루트다. 여러 번 쉬어 가며 슬슬 걸어도 세 시간이면 충분히 오른다. 물론 초심자들에겐 내내 헐떡일 만큼 가파른 길이고, 철골이 박힌 채 회백색의 거친 암반을 드러낸 백운대의 급경사는 두려움도 선사한다. 위문과 백운대 사이 수백 미터의 바위 능선에선 매주 초심자들의 하소연이 끊이질 않는다.

빠른 게 꼭 좋은 건 아니지만, 산행에선 특히 그렇지만, 북한산 정상에 오르는 시간을 더 단축할 수도 있다. 도선사 주차장까지 택시를 타는 방법이다. 경전철 역 부근 도선사 입구에서, 도선사 바로 밑 주차장까지 택시로는 5분이면 간다.

아마도 편법이겠지만, 지하철역 부근에서 도선사 주차장을 거쳐 도선사로 진입하는 합승 택시도 있다. 등산객 또는 도선사 신도 네 명이 모이면 출발하는 택시다. 비용은 현금으로 얼마씩 나누어 낸다.

그런데 도선사로 향하는 합승 택시를 타면, 택시 밖에서는 들을 수 없는 '고급 정보'들이 기사와 신도들 사이에 오간다. 등산객에 속하는 나는, 짧은 탑승 시간 동안 조용히 엿듣는데 그러다 피식 웃기도 한다.

기사: 도선사 주변 화장실 들어갈 때 짐

조심해야 돼요. 화장실 앞 거치대 같은 데 가방 두면 그냥 없어져요.

신도: 정말요? 누가 들고 가는 건가?

기사: 그렇죠. 얼마 전에도 전국의 절을 돌아다니면서 신도와 등산객들 소지품 훔치던 여자가 도선사 근처에서 잡혔잖아요,

    실제로 나도 도선사 쪽으로 하산할 때 백운대 탐방지원센터 옆 화장실을 이용하는데, 그 앞에 놓인 널찍한 거치대에 배낭을 놓곤 했다. 택시 안 대화를 들으며 조심해야겠다고 생각한다. 정말 필요한 고급 정보들은 그렇게 좁고 은밀한 공간에서 유통되나 보다.

    어쨌든 그렇게 편법의 합승 택시를 이용해 도선사 바로 아래까지 당도한 뒤 등산을 시작하면 백운대 정상에 정말 빨리 올라갈 수 있다. 빠르게 걸으면 한 시간, 산 좀 타는 사람들은 쉬엄쉬엄 가도 한 시간 반이면 정상에 닿는다. 전국구 명산인 북한산의 정상인 백운대에 설 기회를, 그곳에서 볼 수 있는 황

홀한 풍경을 단 한 시간의 트래킹으로 얻을 수 있다는 건 꿈같은 일이다.

하지만 도선사로 올라가는 합승 택시에 탈 때마다 스스로 묻곤 한다.

빠른 게 꼭 좋은 걸까?

무언가 놓치고 있는 건 아닐까?

지금은 아스팔트 도로 옆으로 밀린, 우이구곡牛耳九曲의 힘겨운 풍경이 창밖, 아래로 휙휙 스친다.

이제부터 산 위에선

우리 모두 초라해지자, 작아지자.

그리고 제발, 소란 떨지 말자.

마음은 고요하게,

몸은 분주하게

문약한 우리들, 산으로 가자

_부암동

문약文弱이란 단어로 우리 시대를 요약한다고 시비하는 이가 있을까? 둘러봐도 손에 책 든 인간이라곤 없는데 무슨 문약, 하며 따질 수도 있다. 하지만 책 대신 텍스트와 이미지와 영상에 빠져 움직일 줄 모르고, 그 때문에 몹시 흔해진 비만과 허약을 떠올릴 때 문약이란 진단은 허황하지 않다. 문에 맞서는 무武의 활발발活潑潑은 오래전 실종된 상태이기도 하다. '콘텐츠'에 빠져 여러 날 미동 없는 우리 시대의 군상들을 그래서 '문약'으로 퉁치려는 거다.

뜬금없이 문약론을 꺼내 드는 데는 사연이 있다. 언젠가 서울 부암동에 있는 B 출판사에 원고 상의를 핑계로 놀러 갔다가 문약이란 화두를 참으로 오랜만에 맞닥뜨렸다. 출판사 사장 K 형과 철 지난 안부를 주고받던 중에 그가 그랬다.

"우린 다들 문약한 사람들이잖아."

고풍스러운 말이 듣기 좋아 슬며시 웃었다. 어쩌면 세검정 약간 못 미친 부암동의 '지정학적' 특성 때문에 나온 얘기일지 모른다.

자하문 터널을 관통해 세검정으로 향하다 왼쪽을 보면 제법 가파르게 선 산줄기 하나가 세勢를 낮추어 가는 중인데 그게 탕춘대성능선이다. 인왕산과 북한산을 잇는 능선으로, 해발로 치면 그리 낮다고도 할 수 없다. 그런데 '인왕산과 북한산을 잇는다'라 써 놓으면 별것 아닌 문장이, 역사의 속내를 파고드는 순간 상당히 정치적으로 변한다. '부암동의 지정학'을 얘기하는 것도 사실은 그 때문이다.

인왕산은 한양을 둘러싼 성곽(한양도성)의 일부이고, 북한산 역시 중심부를 성곽(북한산성)이 감싼 형국이다. 300년 전쯤 조선의 정치인들은 그 중간, 부암동을 굽어보는 능선에 듬성듬성 성곽을 쌓았는데, 그건 바로 한양도성과 북한산성을 하나로 잇겠다는 '거대 플랜'의 일환이었다. 내성과 외성을 하나로 묶어 이중 성곽을 조성하는 방법으로, 전시戰時에 대비하고자 했다.

그런 맥락에서 보면 B 출판사는 인왕산과 북한산을 잇는 거대 산군의 요충지에 자리한 셈이다. 바로 그 오랜 지정학적 요충에 자리 잡은 소담한 사옥에 다소곳이 앉은 채 나는 "언제 함께 북한산이나 오르시죠?"라 선수를 쳤고, K 형은 "좋지, 우린 다들 문약한 사람들이잖아!"라 받은 것이다. 그런데 기약 없이 막연한 산행 제안을, 시대의 주요 징후인 문약에 대한 처방으로 격상시켜 준 것 말고도 K 형에게 감사한 일이 또 있다. 그가 펴낸 두 권의 산서山書 얘기다.

산의 매력에 빠져드는 이유는 제각각이다. 내 경우에는 책이었다. 산서 두 권이 산에 대한 애정을 촉발하고, 외경심까지 충전해 주었는데 그게 바로 심산 작가의 『마운틴 오디세이』 1, 2권이다. 산이 좋아 이름까지 '심산'으로 바꾸었다지만 그는 왕년에는 알려진 시나리오 작가였다. 〈비트〉와 〈태양은 없다〉가 그의 시나리오로 만들어진 영화들이다.

왕년의 유명 작가는 좁은 스크린에 만족하지 못해 산으로, 산으로 진격했지만, 이왕 맺은 글과의 인연은 어쩌지 못했다. 전설적 알피니스트들의 족적을 엮어 클라이밍의 세계사를 간략했고, 걸출한 산악문학들에 대한 독후 에세이로 세계의 산들을 추상했다. 영화를 떠나 산으로 귀의했다 한들 흥행 작가의 '글발'이 어디 가겠나. 두 권의 『마운틴 오디세이』는 산과 글이 종횡으로 엮인 진기한 책이다. 나는 그 진기한 매트릭스를 통해 산으로 들어갈 수 있었다.

부암동에서 나는 내친김에 심 작가의 근황을 물었고, K 형은 아는 만큼 전해주었다. 열혈 독자인 나는 심 작가의 또 다른 산행기는 예정에 없는지 궁금했는데 돌아온 답은 애매했다. 심 작가가 한때 북한산을 소재로 한 원고를 상당히 진척시키긴 했단다. 그러나 지금은 흐지부지된 모양이다. 매우 아쉽다. 최근 산을 소재로 한 에세이들이 여럿 출간되는 것을 봤는데, 심산의 북한산 이야기라면 결이 많이 다를 거라 생각한다. 산과 글 모두에 진심인, 또 정통한 그의 북한산 주유기(오디세이!)를 꼭 보고 싶다.

어쩌다 보니 책 광고 비슷하게 되고 말았는데, 요즘 같은 결과적 문맹의 시대에 책 광고는 어느 경우든 미덕이라 생각하며 부담을 던다. 그보다, 그날 부암동 회동의 화두였던 '문약'은 나와 K 형만의 것이었을까? 어쩌면 『마운틴 오디세이』의 심 작가도 '문약의 세월'에 치었던 건 아닐까? 작가로 남는 대신 산악인이 된 게, 직접 겪었던 문약의 폐해 때문은 아니었을까 생각해 보는 거다. 몇 날 며칠 밤을 넘기며 글을 쓰다가 피폐해진 몸을 추스르기 위해 산에 오르고 또 오른다. 뭐, 그런 상투적 시나리오가 가능하니까.

알 길 없는 그의 속내와 무관하게 문약은 정말 우리 시대의 고질痼疾이라 생각한다. 그런데 그렇게 시대의 난치가 되어 버린 문약을 우리는 정말 치유할 수 없을까? 고민하던 중에 짧고 강렬한 구절 하나를 만났다. 한 중국인 의사가 쓴 책의 첫 문장인데, 보는 순간 눈을 떼지 못했다. 문약에 대한 안티테제로 부족함이 없다고 느꼈다.

단 여섯 글자다. 심요정 신요동心要靜身要動. 마음은 고요히, 몸은 분주히 하란 뜻으로 새기면 될 것 같다. 중국의 고수가 건강의 비결로 내세운 짧은 문장을 내려다보면서 나는 어느 새벽, 북한산의 능선을 홀로 걷던 기억을 되살렸다. 멀리로 말간 해가 떠오르는 중이었고, 나는 내내 말 없던 날이었다. 마음은 고요했고 몸은 분주했다. 문약에 특유한 불안과 조바심을 잠시나마 날릴 수 있었던, 북한산 만행의 순간이었다.

그해 여름, 추사의 고난도 클라이밍

_비봉

　젊은 시절, 미술 담당 기자로 일하면서 추사秋史를 존경했다. 전시장에서 만난 글씨는 가을[秋]처럼 엄정하고, 역사[史]처럼 다단했다. 정갈하고 현란한 타이포그라피는 불변의 현대성 같은 것을 뿜었다. 작품도, 예술혼도, 떨어지기 직전의 동백꽃처럼 선명했다, 낭자했다.

　김정희에 대한 존경이 북한산 비봉에서 깊어졌다. 비봉은 오르기 쉽지 않다. 릿지 등반, 암벽 등반을 하는 이들에게야 스르륵 지나가고 말 곳이지만 계곡과 능선을 찬찬히 걷는 평균적 등산객들에겐 난코스다. 그러니 봉우리 위, 진흥왕 순수비가 천년 동안 잊힐 수 있었고, 내가 추사의 클라이밍 능력을 존경도 하는 거다. 신라 진흥왕이 세운 비가 있어 비봉이고, 그 정체를 밝혀낸 것이 추사다. 지금 산 위에 있는 비석은 모조품이다.

다른 봉우리들처럼 비봉도 한쪽으로만 오르지 않는다. 봉우리의 남쪽과 북쪽 사면이 그나마 사람들이 다닐 만한 곳이다. 족두리봉, 향로봉에서 오다 보면 남쪽으로 오르게 되고, 문수봉, 사모바위, 승가봉을 거쳐 오게 되면 북쪽을 타게 된다. 그런데 남쪽으로 오를 때 난관이 하나 있다.

비봉 정상을 오르는 남쪽 사면은 거리로 치면 60미터 정도다. 가파른 암릉이라곤 해도 수직의 절벽이 아닌 이상, 작심하면 못 오를 것도 없어 보인다. 하지만 한 40미터 올라가면 질색을 하게 된다. 크랙 crack(갈라진 틈)이 있는 4~5미터 높이의 암반이 수직에 가깝게 선다. 크랙과 함께, 아마도 인위적으로 판 듯한 얕고 조그만 홈이 두어 개 있어서 그나마 도전해 볼 만하지만 누구나 가능한 것은 아니다. 북쪽 사면도 험한 암릉인 것은 마찬가지인데, 남쪽 사면의 크랙 부분처럼 아예 곤두서 버린 곳은 없다. 애쓰고, 바둥거리면 등반 가능성을 높일 수 있는 곳이다.

자, 그럼 추사는 어느 쪽 사면으로 비봉을 올랐을까? 추사는 비봉의 남·북 사면 중 어느 비탈을 타고 올라 천년 세월에 묻혔던 신라 영웅의 순수비를 만났을까? 어느 길로 비봉을 올라, 세월과 풍파와 이끼에 닳고 퇴색해 정체성을 잃었던 비석의 존재를 세상에 밝히고 알렸을까? 추사는 금석학金石學의 대가였다. 쇠와 돌에 새겨진 문자 연구의 당대 일인자, 최고봉이었다.

추사는 남과 북, 어느 비탈로 비봉을 올랐을까? 추사는 비봉의 북쪽 암릉을 타고 올라가 진흥왕 순수비를 만났을 게다. 곤두선 크랙 암반이 있는 남쪽 사면을 일부러 피했다거나 그런 이유는 아니다.

추사는 서른을 즈음해 두 차례 북한산 비봉을 오르고 진흥왕 순수비를 고증했다. 이때 산행 루트에 승가사가 언급된다. 북한산성으로 통하는 비봉능선은 향로봉에서 시작해 비봉, 승가봉을 거쳐 문수봉에 이른다. 향로봉이 남쪽, 문수봉이 북쪽이다. 승가사를 지나 능선으로 올라가면 비봉과 승가봉 중간 지점에 서게 된다. 그곳에서 비봉의 북쪽 비탈은 지척이다. 굳이 남쪽 비탈로 돌아갈 이유가 없다.

북쪽이든 남쪽이든 요즘 나오는 값비싼 등산화를 신고도 오르기 힘든 곳이 비봉이다. 게다가 추사가 비봉을 오른 건 6월과 7월, 이미 여름 들어서였다. 추사에 대한 존경의 정도를 높여 가는 것은 그렇게 험난한 산행을 마다하지 않던 고증의 열정 때문이다. 당대의 예술적 천재가 푹푹 찌는 여름, 지치지 않는 체력으로 암반의 꼭대기에 오르는 모습을 상상하는 일, 멋지지 않나. 간결하고 강인한 추사 필체의 요체는 어쩌면, 북한산 암반을 툭툭 치고 오르던 그의 건강한 몸에 담겨 있을지 모른다.

그리고 추론 하나 더. 언젠가 북한산 비봉을 남사면으로 올라 북사면으로 내려오면서 나는 험한 바위들에 새겨진 홈들을 언제, 누가 팠을까 궁금했다. 때론 보일 듯 말 듯, 희미한 홈들이지만 그 홈들이 있어 별다른 장비 없이 비봉을 오르내릴 수 있다. 고마운 일인지(어쨌든 올라갈 수 있게 해주니까), 나무랄 일인지(많은 이들이 올라 좋을 게 뭐 있겠나 싶어서) 모르지만, 아무튼 누가 홈을 냈을까 궁금했다.

그런데 비봉 위 허름한 비석의 정체를 알아낸 추사가, 비석의 측면에 고증의 사연을 새겨 넣었다는 얘기를 들으며 뭔가 떠올랐다. 추사였든, 추사의 동료였든, 돌에 글을 새기자면 끌과 정을 가졌어야 하지 않나? 그렇다면 혹시 비봉의 암반 등산로에 새겨진 홈들 중 몇 개쯤은 200년 전 추사나 추사의 동료들이 판 게 아닐까? 아니겠지.

세월의 반격 앞에서 울지도 못했다

_비봉능선

비봉능선에서 좌절한 적이 있다.

아주 오랜만에 산을 찾았을 때다.

20년 넘게 쌓인 술·담배와 과욕의 잔해가 한꺼번에 들고 일어난 모양이다. 연말을 넘기며 몸이 무너지고 말았다. 어느 새벽, 가누지 못할 만큼 어지럼증이 찾아왔다. 전후로 오른쪽 어깨가 움직이지 않았고, 복부에선 기분 나쁜 느낌이 가시지 않는다. 이런 건 어쩌면, 한국의 중년들에게 부과된 천형 아닐까? 잠시 사회 탓, 나라 탓을 하다 말았다. 산재로도 인정 안 되겠지.

일주일에 한 번은 가던 등산을 거르면서 몸이 더 상했다. 옷 하나 걸치기 어렵고, 백팩을 메는 데도 안간힘을 써야 했다. 대기업 생활 접고 속초로 낙향해 제법 근사한 카페를 운영하는 동갑내기 친구와 안부를 주고받던 중에 "너도 그래?" 물었더니

"나도 그래!" 한다. 그러면서 'MSM 성분'이 들어간 건강기능식품을 권한다. 식이유황 성분이란다. 이젠 유황을 다 먹어야 하나.

   3월 가까워져 오며 추위도 약간 잦아든 일요일의 이른 새벽, 오랜만에 굳은 결심으로 자리를 박찼다. 다시 산에 오르자! 무너진 몸을 일으켜야지! 재활하자!

   버스와 지하철, 다시 버스로 어둠을 뚫고 북한산으로 향했다. 오랜만의 산행, 그것도 재활을 위한 산행이니만큼 가장 좋아하는 루트를 골랐다. 나만의 루틴을 반복한다. 삼성출판박물관 부근 구기터널 입구에 내린다. 편의점에서 생수와 오렌지 주스를 사고, 바로 옆 예찬김밥에서 김밥 한 줄을 산다. 이어 하비에르 국제학교를 지나 영광교회(지금은 다른 교회로 바뀌었다) 쪽 주택가로 빠진다.

   교회 앞을 지날 때 루틴이 하나 더 있다. 항상 같은 생각을 한다. '예찬' 김밥에서 먹을거리를 사고, '영광' 교회를 지났으니 산 위에서 주님의 은총을 받을 수 있겠지. 그러나 사모바위 옆에서 의상능선을 쳐다보고, 문수봉에 서서 보현봉을 응시할 때, 아님 하산 길에 영취사를 스칠 때 붓다의 자비와 불법을 떠올리는 것도 나의 흔한 루틴이니, 참 얄팍하다.

얄팍한 심성으론 재활의 고통에 맞서지 못한다. 짧은 계곡을 뚫고, 상명대 쪽에서 올라오는 탕춘대능선에 합류하니 벌써 다리, 허리에 통증이다. 잠깐 물을 마시고 겉옷을 챙기기 위해 배낭을 벗고 장착하는 동작마저 아픈 어깨를 힘겹게 한다. 새벽의 공복도 상쾌하지 않다. 헛구역질이 나온다. 그래도 재활, 재활, 재활을 외치며 향로봉을 향해 걸음을 재촉하다가 7부 능선에서 비봉으로 방향을 튼다.

영광교회를 기점으로 향로봉에 이어 비봉으로 향하는 루트는 간편하고도 매력적이다. 교회를 기점으로 향로봉까지 1.5킬로미터, 비봉까지 2킬로미터나 되려나. 산행의 초반부터 시야가 트여 족두리봉, 향로봉, 비봉의 암괴들을 감상할 수 있다. 또 향로봉 아래 서서 고개를 돌리면, 북악과 인왕 사이로 남산이 우뚝하다. 서울의 태생과 구조가 한눈에 보인다.

탕춘대능선과 북한산성 주능선을 연결해 주는 비봉능선의 편안함은 또 어떤가. 그런 트래킹 코스가 또 없다. 이어 승봉을 지난 뒤 문수봉으로 오르는 가파른 바윗길까지, 걸음마다 매혹적인 코스다. 그런 코스를 이리 불편하게 걸어야 한다니. 문수봉으로 오르는 암반에서 철골 구조물을 붙잡은 채 통증에 시달리는 오른팔을 붙잡고, 나는 하마터면 울 뻔했다.

그러나 울지 못했다. 일요일 첫새벽의 고단과 고통이야말로 재활을 위한 고난 같은 거라고 스스로 다독거렸다. 소싯적 좋아하던 작가 중에 김중식 시인이 있는데, 그렇게 문수봉의 철골에 매달린 상태로 그의 시집 하나가 떠올랐다. 시집 제목이 『울지도 못했다』여서…. 그런데 집에 와서 시집을 찾아보니 시인의 '울지도 못했다'도 산에서 느꼈던 감정인가 보다. 사람 사는 게 다 비슷한 모양이다.

> 아무도 없는 산, 올라갈 때는 괜찮았는데
> 왼쪽 무릎뼈가 쑤셔 주저앉았다가 한쪽 발로
> 하산할 때, 나는 내가 지난 세월에 얼마나
> 날뛰었는지를 잘 알고 있었으므로 울지도

못했다
_〈늦은 귀가〉 후반부

　나도 시인처럼 지난 세월 나의 천방지축을 절감했기에 울지 못했고, 여기저기 쑤시는 관절을 마음으로나마 어루만지며 문수봉을 기어올랐다. 간소한 배낭을 풀고 정상에 앉으니, 맞은편으로 아직 흰 눈 뒤집어쓴 보현봉이 구김 없이 우뚝하다. 예찬김밥에서 산 김밥과 그 옆 편의점에서 산 오렌지주스를 꺼내 늦은 아침의 허기를 달랬다. 붓다의 대표적 협시보살(문수와 보현)을 곁에 두고, 신에 대한 경건(예찬)을 취했으니, 나름대로 성찬이다.

　몸이 괜찮을 때는 문수봉에서 청수동 암문으로 뒷걸음쳐 의상능선으로 길을 이었다. 나한, 나월, 용혈, 용출봉을 오르락내리락하며 산행의 진수를 만끽했다. 때론 가던 방향으로 직진해 대남, 대성, 보국, 대동문을 거친 후 만경대를 우회해 백운대를 오르기도 했다. 그 지극한 즐거움을 아는 이들이 많을 것이다. 나도 그 즐거움을 누리던 사람이었다. 그러나 세월의 공격에 부상당한 몸으론 의상능선도, 백운대도 피안彼岸이다.

　대성문에서 산성을 이탈해 영취사 쪽으로 방향을 틀었다. 정릉 청수장 입구까지 3킬로미터 길은 북한산에서 보기 드물게 평탄하고 고즈넉하다. 그 정도가 지금 나에게 적절한 하산이라고 판단했다. 무리했다가는 더 아플 테니. 하산 길에 몸만큼 맘이 아팠다. 한갓 중년의 나이에 어쩌자고 마음대로 북한산도 활보 못 할 만큼 약해졌나.

　청수계곡에 도착해 산길을 벗어날 때쯤 되자 욱신거리던 몸이 평정을 찾는다. 맑은 계곡물을 물끄러미 쳐다보다 몸을 돌려, 저 멀리로 유려한 북한산의 능선들을 오래도록 바라보았다. 끊어질 듯 이어지는 부드럽고도 강한 선들…. 중년에 쇼크처럼 찾아온 내 심신의 탈진을, 아무래도 북한산이 치유해 줄 것 같았다. 그 힘겨운 자리에서 다시, 매주 북한 산행을 꿈꾸었다. 재활의 산행을 꿈꾸었다.

경계에서만 보이는 것들이 있다

맴돌기만 했다. 주변을 배회할 뿐, 중심으로 진입하지 않았다, 못했다. 왜 마이너리티를 자처하는지 물은 이도 있다. 대답하지 않았다. 그 정도로만 살았다. 넘보지 않을 세상을, 일찍이 밀쳐 두었다. 거기까지만, 그때까지만…. 넘보지 않을 것을 넘보지 않았다. 내 세상이 아닌 것을 알았으므로, 그 세상 아니어도 살아갈 곳 있었으므로.

산행도 사람을 닮아 가나. 여러 해 북한산을 오르면서도, 북한산성 안으로 선뜻 발 들여놓지 않았다. 우회하고, 배회하고, 관망했다. 꾸준히 다가가기는 했다. 누구에게든, 어디로든 다가가는 건 세상에서 가장 수줍은 일, 행복한 일이니까.

겨울, 새벽이면 길음역 3번 출구를 나와 7211번 녹색 버스를 탄다. 북악터널을 지나 평창동, 구기동을 휘감아 돌아 불광동 가기 직전의 구기터널 앞에서 내린다. 이르면 오전 7시, 해뜨기 전이다. 그러나 흐릿하게 날은 밝아온다. 일출 전의 시민 박명. 부지런한 도시인(시민)들을 비춰 주는 한 가닥 엷은 빛(박명)이다. 오늘의 태양은 지평선과 수평선 밑에서 아직 숨 고르는 중이면서도 본색을 숨기지 못한다. 아스라한 빛을 지상에 뿜어낸다.

그 어둔 빛을 뚫고 고요한 주말의 북한산으로 다가간다, 다가간다. 언제나처럼 예찬김밥을 지나고, 영광교회를 지나 짧은 계곡을 오른다. 탕춘대능선으로 통하는 길이다. 향로봉을 향하는 암반의 가파른 능선. 그러나 향로봉은 쉽게 자신을 내어주지 않는다. 60~70도 각도로 솟아오른 험로를 조금 비껴, 비봉으로 통하는 우회로를 택한다. 그렇게 해발 535미터, 향로봉 옆 산마루에 오르면 오른쪽으로 기다란 비봉능선이 펼쳐진다. 천천히, 익숙한 능선을 밟으며 비봉을, 사모바위를, 승가봉을 지나면 문수봉이 절경의 절벽으로 우뚝 솟는다. 그렇게 북한산성을 향해 다가간다, 다가간다.

북한산은 자신의 거대한 몸을 동북에서 남서로, 경기도와 서울을 관통하며 길게 펼친다. 북한산성은 그 중간쯤에서 서쪽으로 치우쳐 형성된 타원형의 산성이다. 군데군데 돌들을 쌓아 올렸으되, 인력이 없었어도 타원의 윤곽 이미 뚜렷한 천혜의 요새다. 북한산의 정중앙에 육중한 검劍으로 솟은 백운대를 중심으로 기기묘묘한 암봉들이 타원을 이루며 양방향으로 내부의 분지를 껴안으며 펼쳐져 내려간다. 서서히 고도를 낮춰 가다 북한산의 서쪽 지평에서 합류한다. 비봉능선을 거쳐 도착한 문수봉도 그렇게 산성을 이루는 봉우리 중 하나다.

　문수봉을 넘어 잠깐 걸으면 대남문이 나타난다. 문門은 산성의 내부와 외부를 가르는 통로다. 왼쪽 계곡으로 방향을 틀면, 북한산성 내부로 진입한다. 300년 전 조선의 왕이 유사시에 피신하려 했던 행궁의 터를 중심으로, 자연과 역사의 기억이 어지러이 얽혀 있는 곳이다. 대남문에서 잠깐 고민한다. 방향을 왼쪽으로 틀어 산성 내부로 진입할 것인가. 그렇게 북한산성의 속살을 들여다볼 것인가. 중심으로 진입할 것인가.

오래된 습관처럼, 북한산성을 에두르기로 한다. 대성문을 지나고, 보국문을 스쳐 대동문으로 향한다. 진입 대신 관망을 택한다. 산성 안팎을 가르는 돌담들을 따라 경계를 배회한다. 대동문에서 다시 경계를 이탈해 성곽 밖으로 나간다. 진달래능선, 길고 좁은 길을 따라 우이동으로 하산하는 것으로 하루의 산행을 마친다. 네 시간쯤, 통산 10여 킬로미터의 간소한 산행.

언젠가는 경계를 뚫고 북한산성 내부로 진입할 것이다. 하지만 경계 위에서만 보이는 것들이 따로 있다. 탕춘대능선, 비봉능선, 북한산성 주능선을 느린 걸음으로 주파하며 멀리서 뱀처럼 유영하는 한강을 보고, 서울의 전모를 조감한다. 불꽃처럼 명멸하는 북한산의 수많은 봉우리를 감상한다. 그렇게 주변부를 방황하고 배회하는 것만으로도 볼 수 있는 것들이 이 세상에는 너무나 많다. 다른 세상을 넘보지 않아도, 절경은 넘쳐 난다. 다가갈 수 있다면, 그것으로 족하다.

당국자미, 방관자청 當局者迷, 傍觀者淸이란 말을 들

었다. 바둑을 직접 두는 사람은 좁은 사각의 싸움터 앞에서 혼미하지만, 옆에 서서 훈수를 두는 사람의 마음은 맑다. 판세를 훤히 읽는다. 경계에 선 사람에게만 존재하는 미덕이 있다. 중심에서 떨어져 있는 사람에게만 보이는 것들이 있다.

지리산의 추억 1
_고무신과 청바지

등산을 배운 적 없지만 스승은 있다. 스승이라 해도 오랫동안 얘기를 나누거나 가르침을 받진 않았다. 잠깐 눈만 맞췄다. 그 잠깐 동안, 그 눈빛에 존경의 뜻을 담아 보내드렸다. 스승은 의아해했다. 그러나 세상의 지극한 가르침은 늘 그런 식이다. 조용히 꽃을 들면, 말없이 웃는다. 진정한 가르침은 늘 염화拈花와 미소微笑 사이에 존재한다. 중요한 가르침의 전수는 그런 식으로 이루어진다.

10년 전 지리산. 노고단을 출발하고 한 시간쯤 지나, 약간의 피로를 느낄 무렵 스승과 조우했다. 그는 숙제하듯 급히 능선을 질러가는 등산객들과 달랐다. 그들과 전혀 다른 방식으로 지리산을 탔다. 비탈을 오르락내리락하다가, 잠깐 능선을 걷다가, 또다시 비탈을 오르락내리락했다. 차림새도 특별했다.

낡은 개량 한복을 입고 흰 고무신을 신었다.

그에게 등산의 흥분과 피로는 느껴지지 않았다. 내내, 여유롭고 가벼웠다. 종주를 위해 중무장한 등산객 중 하나인 나는, 그를 멍하니 바라보았다. 그도 갸우뚱, 나를 보았다. 나는 잠깐 고개를 숙였다. 그는 계속 약초를 땄다. 약초꾼으로도, 등산객으로도, 그는 초절정의 고수였다.

서울로 돌아와 한참 동안 스승을 따랐다. 그의 가르침을 구현하고 싶었다. 등산복을 옷장 깊숙이 넣었다. 등산화도 신장에 처박았다. 어차피 낡은 등산화였다. 그렇게 청바지 차림에 운동화를 신고 북한산을 거닐었다. 나도 스승처럼 고수가 되고 싶었다. 옷차림에 구애받지 않고, 등산화를 포함한 장비들 따위에 얽매이지 않은 채로 훨훨, 너울너울 산에서 노닐고 싶었다. 고가의 아웃도어로 중무장을 할수록, 지리산에서 만난 스승 앞에서 창피할 뿐이었다. 우리 산하에는 괜한 사치가 넘쳐나는 중이야…. 나는 산에서 홀로 득의양양했다.

그렇게 산을 쏘다니다 다쳤다. 대동문에서 수유동 아카데미하우스 쪽으로 내려올 때였다. 바윗길에서 미끄러졌다. 운동화의 한계였다. 허공에 떴다가 떨어졌다. 낙법을 구사할 틈이 없었다. 오랫동안 갈비뼈 부근이 아팠다. 어머니에게 혼났다. 왜 그러고 다녀. 어머니는 당장 등산화를 사라고 했다. 사주는 거야?

다시 등산화를 신기로 했다. 스승의 가르침을 저버릴 명분이 필요했다. 육산肉山과 암산巖山의 차이를 인정하는 것으로 명분을 삼았다. 스승이 흰 고무신만으로 축지縮地하던 지리산은 흙으로 이루어진 산이다. 서울의 북한산은 전형적인 바위산이다. 스승을 존경하지만, 그의 산행 스타일을 답습해선 안 되는 거였다. 암릉 산행을 위한 릿지화까지는 아니어도, 어느 정도의 접지력을 가진 등산화가 북한산 산행에는 필요했다. 스승도 북한산에서 약초를 따게 됐더라면, 등산화를 신었을 거야…. 합리화에 불과할지라도.

그러나 청바지는 포기하지 않았다. 등산복까지 다시 갖춰 입으면, 스승의 가르침을 완전히 저버리게 되는 거였다. 지리산에서의 염화와 미소, 그 소중하고 엄중한 인연을 가볍게 여겨선 안 된다.

그 후로도 오랫동안 캐주얼한 등산화에 청바지를 입고 북한산에 올랐다. 능선과 계곡을 행진하는 와중, 해찰하듯, 사람 없는 비탈을 어슬렁거렸다. 험한 바위도 청바지 차림으로, 이리 넘고 저리 넘었다. 그러고 있으면 나도 스승을 닮아 산행의 고수가 된 듯한 느낌이었다. 그러다 축지까지 할 수 있을 거라 생각했다.

그렇게 사계四季를 무시하고, 산세山勢를 간과하면서 청바지 차림으로 해발 700~800미터 위 암반을 거닐 때 가끔씩 나를 주목하는 이들이 있다. 스타일리시한 아웃도어를 우아하게 걸친 사람들이다. 나는 그들의 눈빛이, 한 경지에 이른 고수에 대한 어떤 예의 같은 거라고 오랫동안 생각해 왔다. 산은 정신을 자유롭게 한다. 미혹하게도 한다.

지리산의 추억 2

_그는 말없이
참치캔 하나를 땄다

산 위에서 조용히 참치캔을 따던 젊은이를 본 적이 있다. 그 모습이 왜 그리 아름다웠는지, 어찌 그리 서러웠는지 설명해 보려 한다. 그전에 주말이면 북한산성 주능선을 활보하는 내 식사 스타일에 대한 간략 스케치부터.

북한산을 오르내리며 대개 다섯 시간 안팎을 걷는다. 나름 힘들지만 등산 애호가들의 평균 산행 시간을 감안하면 대단한 수준은 아니다. 그러니 먹는 걸 거하게 싸지 않는다. 등산로 입구에서 김밥 한 줄 사고 만다. 집에서 채워 온 물통 하나, 새벽 인사차 들른 어머니 집에서 받은 두유 하나가 작은 배낭을 채운 식료食料의 전부다. 기분 따라 귤을 한두 개 추가하기도 한다.

탕춘대능선으로 올라 향로봉을 우회하고, 비봉을 넘어 문수봉을 기어오르는 걸 워낙 좋아한다. 비봉의 크랙들을 비집은 뒤, 철제 구조물을 붙잡고 문수봉의 가파른 남쪽 능선을 넘었다. 대남문을 지나 대성문의 문루 위에 안착했다.

잠깐 건축 얘기를 하자. 대남문, 대성문 같은 북한산성의 주요 관문들은 홍예虹蜺 양식으로 이루어져 있다. 무지개를 한자로 쓰면 '홍예'다. 서양에서 '아치'라 부르는 건축 양식을 한자 문화권에서는 홍예라 부른다. 동서양 사람들의 눈이 그렇게 다르다. 사람들은 대상에서 보고 싶은 것을 본다. 아치건 무지개건, 문의 위쪽은 유려하고 날랜 곡선을 이룬다. 심미와 과학을 두루 갖춘 동서양 공통의 건축 양식이다. 그리고 홍예 위의 다락 공간을 문루라 부른다. 그렇게 주말이면, 나는 비봉과 문수봉을 넘어 대남문, 대성문의 문루 위에 안착한다.

그런데 아름다운 곡선의 홍예 위 문루에는 언제부터인가 널찍한 평상이 마련되어 있다. 그곳에서 늦은 아침을 먹는다. 이번 산행에는 김밥을 사지 않았다. 대신 배낭에 박혀 있던 캔 하나를 꺼낸다. 손바닥에 앉힐 크기의 조그마한 참치캔이다. 뚜껑을 따니 황금빛 카놀라유에 잠긴 참치살이 맑은 모습을 드러낸다. 아침 공기 사이로 담백한 향이 스민다. 주말이면 그렇게 북한산성 주능선에서 참치캔을 따는 내 모습이 제법 마음에 든다. 그리고 이유가 있다.

오래전, 산 위에서 조용히 참치캔을 따던 젊은이 얘기를 이제 할 차례다. 다시 10년 전의 지리산 종주 얘기다. 일박 째의 밤이었나, 이박 째의 새벽이었나. 나와 후배들은 산장에서 기어 나와, 미리 준비해 온 김치와 라면 등속으로 찌개를 끓였다. 김치를 내고, 한두 가지 밑반찬도 가세시켰다. 지친 심신, 살얼음 같은 추위를 밥으로, 찌개로 녹였다. 그리고… 짬밥이라고 이르기도 하는 잔반이 남았다. 식사 공간 뒤쪽으로 돌아가 잔반 처리통을 찾았다. 아, 잔반통을 맞닥뜨렸을 때의 그 불편함, 불쾌함. 잔반통은 갖가지 국물과 음식으로 흐르고 넘쳐 지저분하기 이를 데 없었다.

그보다 더 추한 광경이 잔반통에서 멀지 않았다. 얼마 떨어지지 않은 화장실의 변기 주변까지 잔반으로 흥건했다. 잔반을 짊어진 채로 종주 루트로 진입할 순 없었으니, 우리도 버렸다. 추한 풍경에 추한 마음을 보탰다. 잔반의 사태沙汰 주위로 술병까지 뒹굴었다.

참담한 마음으로 산장에 들어갔을 때, 우리의 등산 문화를 준엄히 꾸짖는 풍경 하나가 오롯했다. 20대 후반인 듯, 서양 젊은이 한 명이 산장의 마룻바닥 구석에 다소곳이 앉아 참치캔 하나를 냠냠, 먹고 있었다. 조그만 포크로 캔 안을 찬찬히 훑더니, 나중에는 준비해 온 휴지로 캔 안의 기름을 깨끗이 닦았다. 비닐로 정갈히 묶은 캔과 휴지를 배낭에 도로 넣었다. 그게 산행 후 저녁 식사, 또는 산행 전 새벽 식사의 전부였다. 젊은 외국인의 단아한 모습이 얼마나 아름답던지, 그를 바라보는 내 모습은 왜 그리 처연하던지.

날과 밤을 넘기는 종주를 해본 지 오래다. 설악산을 가도 한계령에서 시작해 빠른 걸음으로 중청, 대청을 거쳐 오색약수로 내려오는 한나절 코스일 뿐이다. 그래서 지리산을 포함한 전국의 일이박 종주 코스에서 벌어지는 요즘 일을 알지 못한다. 산장의 풍경과 식사 관행에 대해서도 모른다. 그저 사람들의 식문화도, 산행의 마인드도 달라졌으니 10년 전 지리산 산장의 그 난처했던 풍경은 사라졌겠거니 짐작만 한다. 기대만 한다.

가끔씩 참치캔 하나 달랑 들고 북한산을 찾는 것은 그때 그 기억 때문이다. 먼 타국의 산에 올라서도, 자신의 흔적을 자연에 남기지 않으려 애쓰던, 눈 파란 젊은이의 기억이 얼마나 강렬했는지 모른다. 참치캔을 따고, 먹고, 감추던 그의 은근한 동작들. 그날 진흙탕에서 연꽃이 피었다.

산처럼 숭고한 곳이 없다. 1억 년, 2억 년 전 만들어진 화강의 거석巨石들이 하늘로 치솟으며 만들어 놓은 북한산에 대해서야 무얼 더 말할까? 성스러운 곳에서, 조금은 성스러운 마음이었으면 한다. 서울·경기의 동북과 남서를 길게 가로지르며 하늘과 자신을 견주는 봉우리들을, 고딕 교회의 첨탑들에 비하겠나.

첨언하건대, 북한산을 포함한 국립공원에서 막걸리 좀 먹지 말았으면 한다. 국립공원에서 음주가 금지된 지 이미 여러 해가 지났지만 탐방로, 대피소,

바위, 계곡은 여태 잠재적 '우범지대'라 한다. 북한산이든 어디든 국립공원에서 술 먹다 걸리면 누구든 과태료 문다. 최고 20만 원이다.

경계에 선 사람에게만

존재하는 미덕이 있다.

중심에서 떨어져 있는 사람에게만

보이는 것들이 있다.

누구나 저마다의
세기를 산다

쉬운 길은 어려운 길이었다
_문수봉 가는 길

    살다 보면 중요한 전환점마다 갈림길이 등장하는데, 그중 유명한 것이 미국 시인 로버트 프로스트가 경험한 갈림길이다. 시인은 젊은 시절, 집 앞으로 산책 나갔다가 두 갈래 길을 만났다. 한쪽은 낮은 수풀의 내리막길, 다른 한쪽은 무성한 수풀로 아득한 길이다. 어디로 갈까?

    시인 말고 주말 등산객들도 북한산에서 갈림길을 만난다. 사모바위, 승가봉 지나 1킬로미터 정도 가면 표지판 하나가 길을 막는다. 어디로 갈까?

문수봉(어려움) 0.4km
문수봉(쉬움) 0.4km

    처음 비봉능선을 거쳐 문수봉을 오를 때 표지판 앞에서 생각이 많았다. 어려운 길로 갈까, 쉬운 길로 갈까? 잠깐, 2500년 전 공자를 떠올렸다. 누군가 공자에게 물었더란다.

우리 삶을 한 글자로 요약해 주실 수 있나요?

난難!

공자는 어려울 난, 한 글자만 얘기했다. 그에게도 삶은 어려웠다. 오래전 대학을 졸업하고 직장생활을 막 시작했을 때, 어머니의 친구 한 분이랑 우연히 통화를 하게 됐는데, 그분도 그렇게 물었다.

어때, 사회 나가 보니까 생각만큼 쉽지 않지?

그날 비봉능선의 끄트머리에서 나는 '문수봉(쉬움)' 방향을 택했다. 사는 것도 어려운데 산에서까지 뭐 하러 어려운 길을…. 쉽게 가자, 쉬운 길로 400미터 거리면 정말, 정말 쉽겠네, 생각하면서.

그렇게 선택한 갈림길의 왼쪽, 문수봉으로 이어지는 쉬운 길은, 쉽지 않았다. '애추 지형'이란 것이 있다. '애崖'는 벼랑이고 '추錐'는 송곳이다. 긴 세월 비바람을 맞으며 절벽의 돌들이 떨어져 나가고, 그렇게 파편이 된 뾰족 돌들이 쌓이면 애추 지형이다. 심히 불친절한 공간이다. 크고 작은 돌들이 울퉁불퉁, 다듬어지지 않은 채 지루하고 난폭하게 쌓여 있다. 벼랑 밑이니 경사도 가파르다. 문수봉으로 가는 쉬운 길이 딱, 그 애추 지형이다.

400미터가 그냥 400미터가 아니었다. 딴딴해진 장딴지와 허벅지를 연신 주무르면서, 또 수시로 쉬어가면서 문수봉 고지를 향해 걸어가고 기어갔다. '쉬움'이란 표지판 글씨에 배신감을 느꼈다. 쉬운 길은 어려운 길이었다.

그렇다고 어려운 길이 쉬운 것도 아니다. 쉬운 길에 화들짝 놀라고 나서 얼마 후, '문수봉(어려움)' 표지판을 따라 오른쪽, 가파른 경사를 올랐다. 100미터 남짓의 급경사를, 철골과 로프가 빼곡하게 채우고 있다. 날 선 벼랑의 중간쯤에서는 경사가 거의 70~80도에 이른다. 어렵다기보다, 뭐랄까, 겁나는 길이다. 온몸을 긴장시킨 채, 가파른 암반을 밟아가며 로프를 휘어잡아야 한다. 그래서 결론은….

쉬운 길도 어렵고, 어려운 길도 어렵다. 쇠도끼가 돌도끼보다 나은 건 아니라고 누가 그랬다. 쇠도끼와 돌도끼는 그냥 다른 것뿐이라고. 문수봉 가는 길도 그렇다. 쉬움/어려움을 간소한 표지판으로 갈

래지어 놓긴 했으나, 어느 한 길이 쉽고, 다른 한 길이 어려운 건 아니다. 두 길은 너무나 다를 뿐, 난이難易의 영역을 비껴간다. 그래서 문수봉을 오를 때면, 오른편으로 난 '문수봉(어려움)' 길을 택하긴 하지만 권하지는 않는다. 사람에 따라선 무서울 수도, 위험할 수도 있으니. 그러나 단언컨대, 쉬운 길도 쉽지 않다.

100여 년 전 로버트 프로스트는 집 앞에서 수풀이 무성한 길을 택했다. 사람들이 적게 간 길이 눈에 들었다. 그러나 사실, 어느 쪽이어도 괜찮았다. 세월이 흐르면, 가지 않은 길과 간 길이 남을 뿐이니까. 간 길, 가지 않은 길의 실체보다 중요한 게 있으니까. 젊은 시절에 민감하던 수풀의 흔적은 비바람에 사라지고, 세월에 잊힌다. 어느 길을 택하든 묵묵히 제 길을 가는 것, 그것만이 갈림길을 대하는 등산객의 태도다.

아무래도, 시인을 곡해한 걸까.

바람과 물의 현란한 서사

_바위들

　세월 보내며 절감하는 일이지만, 믿음 아닌 것들은 다 내다 버려야 한다. 군더더기들, 장식들, 자잘한 팩트에 대한 집착, 괜한 허울 등등 모두 내쳐야 한다. 삶이 단순해져야 깊이 있는 행복으로 진입한다. 갑작스레 삶, 행복 운운한다고 거창한 논의를 시작하려는 건 아니다. 결국은 산 얘기인데, 우리 산하에 깊이 얽혀 있는 풍수 얘기를 곁들여 볼 생각이다.

　서울의 한 부분인 동시에 경계인 북한산에만 해도 별의별 바위가 많다. 칼바위, 코뿔소바위부터 돼지바위, 입술바위, 곰바위, 갓바위, 심지어는 테트리스바위까지 현란한 네이밍은 상상을 초월한다. 무언가에 이름을 주는 것, 참 즐거운 취미인데 연원을 거슬러 올라가면 풍수의 언저리에 도달한다.

　풍수는 우리 국토의 중추인 산에서 다양한 동물의 형상을 읽어 냈다. 목마른 말이 물을 들이키는가 하면, 황금빛 닭이 알을 품기도 한다. 토끼가 달을 우러르는 모양도 있고, 어찌 그런 기이한 상상을 했는지 모르지만, 봉황이 왕의 서신을 물고 간다는 은유까지 있다. 용으로 말하자면 우리 국토에 족히 수천 마리는 존재해서, 날기도 하고, 웅크리기도 하고, 기력을 잃은 채 스멀스멀 기어가기도 하면서, 산하 곳곳에 침투해 있는 중이다.

풍수사風水師들이 전국의 산에 부여한 기발하고 그로테스크한 형상들을 좀 전에 풍수의 '언저리'라 칭했다. 풍수의 본류가 아니란 의미에서다. 그렇게 과거 풍수사들의 업적이 언저리에 해당한다면, 그보다 더 사사로운 북한산의 테트리스바위, 코뿔소바위 등은 풍수의 지엽말단이다. 거대한 풍수의 체계 속에서 말류末流에 해당하는 '이론'들이다. 과거 동양사상의 한 부분을 상당한 비중으로 점유했던 풍수 유파의 끄트머리에 북한산의 기기묘묘한 바위들이 위치한 셈이다. 그럼 언저리, 지엽말단, 말류 아닌 풍수의 본질은 무엇일까?

'바람 풍風'과 '물 수水'가 결합해 '풍수'다. 그러나 이렇게 글자를 쪼개 본들 얻어지는 건 없다. 바람과 물이 만들어 내는 어떤 형태의 서사가 풍수이겠거니 짐작만 할 뿐이다. 풍수라는 한자의 기계적 해체만으론 풍수의 본질은커녕 흐릿한 실루엣조차 파악하기 어렵다. 알쏭달쏭, 도대체 풍수란 무엇일까?

풍수는 줄임말이다. 풍수란 말의 난해함은 축약에서 온다. 줄기 전의 본딧말을 알면 의문이 풀린다. 풍수의 본딧말은 장풍득수藏風得水다. 장풍? 무림 고수들이 손바닥에서 내뿜는 그 장풍이 아니다. '장풍'은 바람을 가둔다는 뜻이다. '득수'는 물을 얻는다는 의미다. 두 개의 한자가 추가됐을 뿐인데 쉽지 않다. 바람을 가두고 물을 얻는다?

중국의 깊은 내륙에 전설의 곤륜산이 있었다. 요즘 지도에 있는 곤륜산과는 다른 산이다. 그런데 신비의 운무에 휩싸인 전설의 곤륜산은 어느 날, 제 속에 품고 있던 강력한 기운을 사방으로 퍼뜨렸다. 울퉁불퉁, 근육과도 같은 산맥들이 사방으로 퍼져 나갔다.

산맥은 뻗어 나가면서 그 주변으로 얼마간의 기운을 흘릴 수밖에 없다. 그러나 산의 맥脈을 따라 이동하는 기氣는 특별한 감각을 가진 예민한 인간에게

만 홀연한 바람으로 감지될 뿐이다. 그 바람을 느낄 수 있다면, 가둘 수 있다면, 우리는 태고의 신령한 기운을 취取하는 것이 된다. 바람을 가두는 일은 그러니까, 눈에 보이지 않는 기운을 얻는 일이다.

바람을 가두면 됐지(장풍), 물을 또 왜 얻어야 할까(득수)? 물은 산의 경계다. 산세에 담긴 곤륜산의 기운을 최종적으로 보듬어 안는 게 물이다. 그러니 바람을 가두는 것만으론 안 된다. 물을 얻어야 한다. 바람과 물이면 세상을 운행시키는 신비한 기운을 내 것으로 만들 수 있다. 이게 바로 풍수의 본질이다. 흔히 말하는 '배산임수'는 장풍득수의 인스턴트식 사용설명서 같은 것이다.

이만큼 알았으니 풍수의 '말류' 말고 '본질'을 통해 우리 산하를 바라보는 건 어떨까? ○○바위, ◇◇바위, △△바위 등 지엽말단적 풍수의 창窓을 깨고 산의 대세를 직관해 보자는 것이다. 유려한 산세 그리고 그 위로 은밀하게 지기地氣를 분출 중인 나무들을, 그들을 스치는 바람의 결을 조용히 들여다보자는 것이다. 그때 우리들, 산 애호가 모두는 번잡한 공간과 숨 가쁜 시간의 속박을 뚫고 자연에 진입한다. 입산하게 된다.

그런데 그렇게 적당한 풍수의 지식과 감성으로 무장하고 산들을 돌아다녀 보면 금방 애잔함에 젖는다. 우리나라의 산들은 도심에 근접해 있다. 다양한 높낮이의 정상들에 올라 굽어 보면 그리 멀지 않은 곳에서도 난도질당한 자연의 흐름이 관측된다. 풍수에서 말하는 기의 흐름이 실재하는지, 그저 오래된 구시대의 농담에 불과한지는 판단하지 않겠다. 오랜 난개발과 자연의 신음은 그런 판단과 무관하게, 불쾌하다.

어쩌면 이런 상황에서 풍수의 말류와 본류를 구분하는 것 자체가 사치스러운 일이다. 거대한 산군의 흐름에서 기의 신성한 유통을 포착하는 일만큼, 이런저런 바위들에 형상을 부여하는 일 역시 소중할 수 있다. 첨단의 세상 속에서 어렵사리 잔존한 풍수의 흔적 자체가, 버려선 안 되는 유산일 수 있다. 언저리의 장식이든, 본질로 향하는 믿음이든 차이 없다. 둘 다 희귀하고 고귀한 시절이 있다.

그래서인지 북한산 비봉 밑에서 코뿔소바위를 오르내리며 연신 사진을 찍어 대는 젊은 등산객들을 보면 즐겁다. 분주한 젊은이들 뒤론 북한산 능선들이 꿈틀거리며 멀어지는 중이다. 그때 코뿔소의 근경과 능선의 원경 모두에서, 바람과 물이 엮어 내는 서사가 웅장하다.

즐거운 풍수

풍수는 간단치 않다. 고려와 조선의 건국 때, 패권을 다투는 세력들의 지정학적 전략들이 풍수에서 나왔다. 애초 시작은 '정치 풍수'였던 셈이다. 이후 조선시대에는 '음택 풍수'가 주류로 떠올랐다. 양택이 사람들이 사는 집이라면, 음택은 죽은 이들의 거처, 즉 무덤이다. 음택 풍수를 다른 말로 묏자리 풍수, 무덤 풍수라 부르는데, 한 시대를 장악했던 무덤 풍수는 어떤 면에서는 풍수의 무덤이기도 했다. 수많은 이들이 자신들의 복을 갈구하며 묏자리를 찾아 헤매는 동안 풍수는 황폐화했다. 미신으로 전락한 것이다.

그런데 그 와중에 풍수는 재미있고 의미도 있는 시도 하나를 한다. 우리의 산하山河에 사람과 동물의 형상을 부여하기 시작했다. 우리 식의 애니미즘이라고 할까. 풍수 하는 사람들이 '형국론形國論'이라 부르는 분야다. 풍수의 대중화 노력이라 볼 수도 있겠다.

풍수는 땅이 간직한 좋은 기운을 찾아내 그 기운을 우리의 일상으로 끌어내려는 작업이다. 그런데 문제가 있다. 그 기운은 눈에 보이지 않는다. 산천에 대해 오랫동안 궁구窮究하고, 또 직관의 능력도 있어야 포착할 수 있는 기운이다. 그러니 극소수의 능력자가 포착해 낸 기운을 여러 사람이 쉽게 알 수 있도록 형상화할 필요성이 생겼다.

그렇게 해서 우리 자연에는 저마다의 모양에 걸맞는 이름이 붙기 시작했다. 눈에 보이지 않는 땅의 기운을, 그 기운이 빚어낸 형상을 통해 분류하기 시작한 것이다. 그 범주에는 사람이나 동물도 있고, 식물이나 문자도 있다. 알기 쉽게 정리해 보는 것도 의미 있겠다. 용과 거북이 대세다.

오룡쟁주五龍爭珠

용 다섯 마리가 여의주를 놓고 다투는 모양새다.
용은 산줄기를 말한다. 천안에 세워진 독립기념관 터가 오룡쟁주의 형국이다.

비룡승천飛龍昇天
용 한 마리가 하늘을 향해 힘차게 날아가는
형국이다.

비룡농주飛龍弄珠
하늘을 나는 것만으로는 모자라서, 여의주를 갖고
놀기까지 한다.

영귀하산靈龜下山
신령스러운 거북 한 마리가 산에서 천천히 내려오고
있다. 이런 거북 명당이 전국에 몇 개 있다. 일제
강점기에 일본인들은 이런 명당을 보면 화들짝 놀라
'테러'를 하기도 했다. 거북 목 부분 도로를 가로질러
놓는 식이다.

금귀몰니金龜沒泥
거북이 산에서 내려온 데 이어, 머리 부분을 진흙
속에 담그고 입수入水하려는 자세다.

물론 용과 거북만 산천을 헤집고 돌아다니는 것
은 아니다. 소와 닭도 많고, 때로는 호랑이가 튀어나

오기도 한다.

와우적초 臥牛積草

누워 있는 소 옆에 풀이 가득하다. 더할 나위 없이 풍족하고 한가로운 풍경이다.

갈마음수 渴馬飲水

목마른 말이 물을 마시는 중이다.

금계포란 金鷄抱卵

금빛의 닭이 알을 품은 모양의 땅이다. 전국적으로 상당히 많다.

청학포란 靑鶴抱卵

닭 대신 푸른 학이 알을 품었다.

맹호출림 猛虎出林

용맹한 호랑이 한 마리가 숲에서 막 뛰쳐나오는 형국의 땅이다.

드물긴 하지만 고래도 출몰한다. 사실, 고래는

풍수에 등장하기에는 좀 애로가 있다. 고래가 나오려면 바닷가여야 하는데, 바닷가는 지형적으로 명당을 구성하기가 어렵다. 그래도 사람들을 매혹하는 지세는 있기 마련이다.

백경귀포 白鯨歸浦

흰 고래가 먼 바다에 나갔다가 포구로 돌아오는 형상이다. 부산의 지형을 백경귀포로 설명한 시도가 있었다. 바다 쪽에서 부산을 보면 우암 방면이 좌청룡, 송도 방면이 우백호, 부산항 입구의 영도가 안산이란 설명이다.

우리 산하에는 사람과 식물의 영혼도 깃들어 있다. 선녀와 스님, 연꽃 등등.

연화부수 蓮花浮水

연꽃이 물 위에 떠 있는 듯한 모습의 마을이다.

매화낙지 梅花落地

매실나무의 꽃송이들이 땅을 향해 아름다운 곡선을

그리며 떨어지는 중이다.

옥녀탄금 玉女彈琴
선녀가 가야금을 타는 모습이다.

노승예불 老僧禮佛
사람들은 고승이 불공을 드리고 있는 모습의 지세도 읽어 냈다.

숙종의 우울에 관한 어떤 상상

_북한산성

서울의 구파발을 지나 북한산성 탐방지원센터에 내린 뒤 서문, 행궁, 동장대를 거쳐 동문에 이르는 길이 왕의 길인 줄, 북한산과 친해지고 나서 한참 뒤에야 알았다. 1712년 봄날, 왕궁을 나온 숙종은 녹번 고개 넘어 북한산성의 서문에 이르렀으니, 내가 구파발에서 버스 타고 온 그 길까지 '숙종의 길'이다. 미처 몰랐다. 그보다 1년 전인 1711년, 일군의 병사들은 봄을 막 넘겨 쌓기 시작한 산성을 가을 넘기며 마무리한다.

숙종은 완성된 산성을 보고 싶어 겨울이 끝나자마자 한달음에 북한산으로 갔다. 하늘이 내려준 험지險地라고, 그래서 한 사람이면 만 사람을 막을 수 있겠다고 감탄했다. 한양도성과 북한산성을 잇는 탕춘대성만 완성되면 조선의 안위에 위협은 없으리라. 그는 생각했다. 그렇게 숙종은 1712년 봄날의 순례로, 30여 년 전 즉위 후 내내 자신을 괴롭혔던 우울과 두려움을 떨쳐내려 했다. 숙종의 불안은 과연 떨쳐졌을까.

 누군가의 속마음을 들여다보는 것처럼 맘 아픈 일이 없다. 얼마 전 숙종의 길에 대해 전해 듣고도 맘 아팠다. 숙종은 명민하고 예민한 왕이었다. 열셋 나이에 왕의 자리에 올라 46년 동안 자리를 지키면서 '환국'이란 이름으로 집권 세력을 흔들었다. 반목하는 당파들의 운명을 여러 차례 들었다 놨다. 문예에도 능해 여느 왕에 뒤지지 않을 만큼의 시를 남겼다. 정치적으로 명민하고 정서적으로 예민한 사람, 그런 사람이 임진·병자 양란의 끔찍한 사연을 멀지 않은 기억으로 안고 살아야 했다. 나라와 서울과 자신의 안위가 늘 불안했다.

 강화와 남한산성과 한양도성을 정비했지만, 불안을 해결하지 못했다. 청을 둘러싼 대륙의 정세는 요동쳤고, 동해에서는 왜구가, 서해에서는 해적이 출몰했다. 황당할 만큼 생소해 황당선荒唐船이라 불렀던 이국異國의 배들까지 한강을 치고 서울로 진격해 들어올 수 있었다. 그런 상황은 숙종을 평생 불안하고 우울하게 만들었다. 도성을 정비한 직후, 오랫동안의 숙원이었던 북한산성을 쌓아 올린 것은 그 때문이다. 6개월에 걸친, 전례 없이 빠른 축성이었다. 북한산성의 축성과 이듬해의 순례는 숙종의 우울과 불안에 종지부를 찍었을까.

문제는 해결되거나 해소된다.

숙종의 문제는 육지 또는 바다로부터의 침략 때문에 생겼으니 그 침략을 막아 낼 수 있으면 해결된다. 그러나 문제란 것은 상황이 바뀌면서 해소될 때가 더 많다. 왕으로 있는 동안 침략이 없으면 문제는 사라진다. 해소된다. 그래서 북한산성은 숙종의 고뇌와 근심을 해결해 주었나, 해소해 주었나?

문예에 능했던 숙종이다. 북한산성 순례의 길, 곳곳에서 그는 시정詩情을 터뜨린다. 그가 쓴 시들에는 북한산 순례가 그에게 선사한 마음의 변화가 지나가는 자리마다 고스란히 드러난다.

숙종은 장엄한 풍경에 잠겨 마음마저 웅장해진 상태로 근심을 날리고는(서문에서), 안개 몽롱한 백운대 정상을 바라본다(행궁에서). 도적의 무리가 도저히 범접할 수 없는 봉우리들에 감탄하고(동장대에서), 길을 옮겨도 여전히 험한 능선을 바라보면서는 외로움을 떨친다(동문에서).

그래서 다시 한 번, 북한산성은 평생에 걸친 그의 우울을 해결해 주었나, 해소해 주었나?

천혜의 산세와 인공의 석벽이 어우러진 북한산성을 거닐 때마다 숙종의 오랜 우울을 생각한다. 산성의 의미를 생각한다. 북한산성은 그에게 무엇이었나? 청이나 몽골의 침략을, 북한산성으로 막을 수 있었을까? 황당선의 은밀한 침투를 산성으로 견딜 수 있었을까? 방패로 쌓아졌으나 실제로는 기능한 적이 없으니, 쓸모는 알 수 없다. 그러나 산성은 좁고, 그 좌우로는 많은 길이 열려 있었다.

북한산성은 차라리 그에게 상상 속의 치유 공간이었다. 수십 년의 공포와 우울을 날려준 마음속의 요새, 가상의 보루. 사실은 해결의 방책도, 해소의 도구도 아니었던…. 그는 자신의 정신 안에, 도성에서 탕춘대성을 거치며 이어지는 거대한 상상의 산성을 쌓아 두고 짐짓, 오랜 시름을 잊었을지 모른다.

그리고 300년 후…, 주말의 등산객들에게 북한

산성은 무얼까? 구파발에서 34번이나 704번 버스를 타고 숙종의 길을 찾아 나선 이들에게 북한산과 북한산성은 무엇인가? 도심에서 얻은 근심과 시름을 날려 주는 거대한 위로, 내밀한 치유의 공간….

    주말만 되면 북한산성을 돌아볼 생각을 한다. 서문에서 행궁, 동장대를 거쳐 동문에 이르는 그 오래된 길, 시름에 찬 왕의 길을 걸어 볼 생각에 빠지는 것이다.

팰림프세스트 또는
끝내 사라지지 않는 것들

산에 질리기도 한다. 어쩌면 자연의 지나친 솔직함 때문인 것도 같다. 흙, 바위, 나무, 하늘, 숲, 새, 계곡, 물, 구름을 주인공으로 영구적 회귀를 거듭하는 산의 풍경에 가끔은 지친다. 누구도 아랑곳하지 않고 독존하는 절대 순수의 풍경을, 내가 뭐라고 탓하겠나. 지치고 질리는 건 혼자서 번잡한 내 마음이지만, 때때로의 권태는 엄연하다. 그래서 산행을 잊고 도심 산책으로 선회하기도 한다. 시큰거리는 발목과 오랫동안 경직된 근육도 산에서 멀어지는 이유다.

그렇게 설렁설렁 걷기 시작한 서울의 강북은 참 즐거운 공간이다. 여러 해째 출퇴근 중인 광화문만 해도 그렇다. 어느 비 오는 날의 대낮, 이른 점심을 마치고 새로 단장한 광화문 광장으로 진입했다. 16세기 말의 영웅 충무공의 발밑을 지나, 15세기의 현군 세종의 옥좌로 150년을 역행하는 동안, 정면으로는 광화문의 현판과 그 너머 경복궁이, 좌우로는 근현대의 건물들이 눈에 들어온다.

세월의 중첩이야말로 도심 산책의 묘미다. 서울 강북의 중심부는 특히 그런 것 같다. 광화문 사거리 횡단보도에서 두둥실 하늘로 떠올라 반경 몇 킬로미터의 거리를 조감한다 치자. 동서남북의 사대문 안으로 최소 600년의 세월이 건축으로, 유적으로, 시간으로 겹치고 포개진다. 어디 600년으로 끝이겠는가. 이성계와 정도전과 무학의 심사와 숙고 이전에도 서울은 한반도 남쪽의 주요 거점이었다는 사실을 사료들이 다각도로 증명한다. 서울이란 공간을 채운, 천년의 문명을 생각할 때 한낮 도심의 산책은 역사를 넘어 신화와 전설을 거니는 느낌마저 선사한다.

문헌학 정도로 기원을 소급하면 적당할까? 서양에 팰림프세스트palimpsest란 말이 있다. 가필, 중첩, 소실, 재활용 등등 복합적인 뉘앙스를 함축한 단어다. 파자破字를 위해선 고대 그리스로 거슬러 가야 하는데, 대강 '다시+문지르다'는 의미의 복합이다.

그러나 이렇게 글자를 쪼개고 합쳐도 명쾌하게 떠오르지 않는 단어의 뜻이 양피지 한 자락을 생각하면 쉽게 이해된다.

종이가 없던 시절에 유럽 사람들은 양의 가죽을 얇게 펴고 약품 처리를 한 뒤에 표백해 말렸다. 그 위에 새기듯 글씨를 썼다. 그게 바로 양피지다. 그런데 양을 잡아야 나오는 양피지가 흔할 리 없다. 양피지 위의 텍스트를 보존할 필요가 없어지면, 그것을 무언가로 문질러 지우고 그 위에 또 다른 사연을 다시 썼다. 그렇게 문지르는 행위, 덧쓴 텍스트, 희미한 흔적, 소멸과 기억 모두를 사람들은 팰림프세스트란 단어에 녹여 냈다.

그런데 지금 남아 있는 이 세상 것들 중에 중첩 아닌 것들이 있을까? 팰림프세스트라는 단어는 나중에 지질학에서도 각광을 받는다. 고생대, 중생대, 신생대의 화석이 오롯한 단층들의 퇴적을 생각하면 왜 양피지 위의 중첩이 지질학까지 확장됐는지 알 수 있다. 인문학의 다양한 분과에서도, 민감한 몇몇 저자들은 시간의 퇴적과 중첩의 신비를 함축한 매력적 단어를 끌어다가 과거와 현재의 내밀한 결합을 표현했다.

그리고 지질학과 인문학을 넘어, 천년 전 유럽의 양피지와 그로부터 파생된 팰림프세스트의 내러티브는 한 중년의 광화문 우중 산책까지 연결된다. 세월과 역사와 문명의 중첩을 얘기하면서 서울의 광화문 거리를 빼놓을 수 있겠는가. 600년 전의 도시 계획 이후로 동서양의 각종 건축 양식이 이곳에 둥지를 텄다. 손에 잡히고 눈에 밟히는 건축이 아니어도, 온갖 정치와 전쟁과 시위와 함성과 희망과 좌절이 쉴 새 없이 점멸했다. 이 세상 어떤 것도 사라지지 않는다. 흔적으로, 추억으로 남아 서로를 보듬는다.

서울의 오랜 중심이 광화문이라면, 서울의 원형적 경계는 한양도성이다. 일그러진 타원으로 서울을 두른 한양도성의 길이가 궁금해 서울시 자료를 찾아봤더니 18.6킬로미터라 한다. 하프 마라톤 정도의 거리다. 북한산성을 종주하듯, 날 잡아 한양도성을 순례하는 사람들도 있던데 얼마나 걸릴까. 한나절은 잡아먹을까. 종주는 볕 좋은 계절로 미뤄도 좋으리라.

대신, 진입하기도 수월하고 풍광도 멋져 가끔 오르는 낙산 쪽 구간을 다시 찾는다. 서울 지하철 4호선 한성대입구역 3번 출구로 나와 '369 성곽마을'의 조붓한 계단들을 걸어 올라가면 성곽이다. 아, '369'란 이름을 만들어 낸 발상이 즐겁다. 성곽 아래쪽 야트막한 산동네를 재개발하면서 행정 편의상 붙여 놓은 이름이 '삼선 6구역'이었다고 한다. 그중에 '삼'과 '6'과 '구'를 끄집어내 '369'로 정리했단다. 재개발의 지난한 추억을 동화 같은 숫자로 품어낸 지역민들의 발상이 따뜻하다.

369 마을을 왼쪽 발밑에 두고 한양도성의 성곽을 따라 올라가며 다시 서울이란 도시의 내밀한 중첩에 잠시 숭고해진다. 유려한 곡선으로 정상을 향해 가는 성채를 가만히 쳐다보고 있으니, 성곽을 구성한 돌들이 밑단에서 위로 향할수록 밝아지고, 커지고, 반듯해지는 중이다. 푯말에 새겨진 설명을 보니, 한양 성곽은 처음 조선의 태조가 쌓기 시작했고 (14세기 말), 세종이 이어받았고(15세기 초), 숙종이 마무리했다(18세기 초). 그때그때 돌의 모양이 달랐다. 식민의 세월과 전쟁의 난리를 겪으면서 그중 상

당 부분이 허물어졌고 그것을 다시 현대의 건축이 메웠다.

그렇게 말없이 세월의 깊이를 느끼며 야트막한 낙산의 정상에 올랐을 때 멀리로 북한산의 세 봉우리가 무슨 젊은 날의 꿈처럼 흐릿하게 떠올랐다. 그러고 보니 서울이란 곳은 자연과 문명마저 거리를 두지 않고 밀착한 또 다른 중첩의 공간이다. 거기에 한양도성-탕춘대성-북한산성으로 이어지는 돌들의 행렬이 꾸물꾸물 장사진長蛇陣으로, 수백 년 역사의 애환까지 하나로 잇는, 고금에 유례가 없을 팰림프세스트의 공간이다.

도심 속으로
_명동, 왕십리, 종로의 추억

봄날의 을지로를 걷는데, 가수 설운도의 40년 전 히트곡이 떠오르더니 혀끝에 맴돌았다. 지금도 건재한 당대의 명가수는 로스앤젤레스 올림픽이 열렸던 1984년의 겨울, 절규하듯 도심의 허공에다 외쳤다.

종로로 갈까요.
명동으로 갈까요.
차라리 청량리로 갈까요.

이건 뭐지? 실존적 결단이라도 요구하는 걸까? 맥락을 날린 유행곡의 한 대목이 심상치 않다. 젊은 식도락의 종로, 첨단 유행의 명동 그리고 마지막으로 경계와 회한의 장소라 해야 할까, 도심에서 다소 떨어진 청량리로 향하는 행보까지 포함해 1980년대

중반의 히트곡 〈나침반〉은 우리에게 선택을 요구한다. 순간의 결심에 따라 우리들의 미래는 달라진다. 먹고 놀 것인가, 유행에 빠질 것인가, 추억에 잠길 것인가?

그러나 삭제된 맥락을 회복시키면 〈나침반〉은 지나간 연애와 그리움의 노래가 된다. 노래의 화자는 떠난 연인을 찾는 중이다. 을지로 모퉁이에 망연히 선 채로 사방팔방을 둘러보며 떠나 버린 그 사람을 찾고 있다. 정치적 겨울에도 사랑과 이별은 사라지지 않는다. 그러나 그는 사라졌다. 보이지 않는 그는 어디로 갔을까? 나는 어디로 가야 할까? 서울을 벗어나지 않고 그를 찾을 수 있으면 좋으련만.

미아리로 갈까요.
영등포로 갈까요.

노래에 잠긴 서울의 거리들은 더 이상 장소도, 공간도 아니다. 빨갛고 파란 신호등 대신 음표가, 반듯한 횡단보도 대신 오선지가 들어선 자리에서 서울의 거리들은 저마다 감성의 메카가 된다. 걸음을 옮

길 때마다 우리들은 20년 전, 30년 전 우리들을 사로잡았던 가사와 곡조의 세례를 받는다. 추억의 당대로 진입한다. 시간의 격차가 무의미해지는 산책, 공간의 구분이 무력해지는 행보. 우리는 1980년대의 을지로에서 곧장 1950년대의 왕십리로 날아갈 수도 있다.

1991년 초여름, 〈호랑나비〉의 가수 김흥국은 1959년을 소환했다. 요즈음의 왕십리야 화려한 만남의 장소이지만, 1959년에는 서울의 허름한 외곽이었다. 해방과 전쟁의 상흔이 채 가시지 않은 그 시절에 허름하지 않은 곳이 따로 있지도 않았지만. 하여튼 그 시절 왕십리는 비 올 때마다 구슬펐다.

> 왕십리 밤거리에 구슬프게 비가 내리면,
> 눈물을 삼키며 술을 마신다.
> 옛사랑을 마신다.

그런데 왜 1959년일까? 정설은 없지만, 가수 김흥국의 생년이 1959년이란 것 외에는 〈59년 왕십리〉라는 제목을 설명할 다른 근거는 없어 보인다. 그러나 근거야 있건 없건, 구슬픈 밤거리를 감당하기에 1959년은 손색없는 시기였을지 모른다. 남루한 자유당 시절의 끝물이었고, 조만간 혁명과 쿠데타가 찾아올 것이었다. 그러나 설운도의 우유부단이 그랬던 것처럼 김흥국의 애수도 정치적인 것은 아니었다. 술 때문인지 옛사랑 때문인지 노래의 화자는 눈물을 삼켰고, 그동안 왕십리에는 구슬픈 비가 쏟아졌다.

이쯤 해서 서울의 거리들은 우리들을 시간적 착란으로 내몬다. 을지로, 종로, 명동, 미아리, 영등포, 왕십리는 저마다 흘러간 시간을 붙잡아 진하게 발효시킨다. 산책의 명목으로 공간을 헤집는 우리들은, 사실은 시간을 헤집는 중이기도 하다. 그래서 내친김에 을지로에서 멀지 않은 종로 쪽으로 발길을 돌려보는 순간, 그렇게 종로 2가와 3가 사이 탑골공원에 다다르는 순간 30년의 세월이 역류한다.

모두 우산 쓰고 횡단보도를 지나는 사람들,

탑골공원 담장 기와도 흠씬 젖고.
고가 차도에 매달린 신호등 위에 비둘기
한 마리
건너 빌딩의 웬디스 햄버거 간판을 읽고 있지.
비는 내리고….

정태춘, 박은옥의 절창 〈92년 장마, 종로에서〉 앞에서 우리는 한 시대의 교체를 숙연하게 마음에 새긴다. 1992년 여름의 거리 스케치이지만, 1993년 10월에 나온 노래다. 시인 또는 가객의 호칭이 어울릴 가수 정태춘은 직전 겨울의 대선을 패배로 인식했고(김영삼이 당선한 선거다), 그런 패배감으로 1992년의 장마철을 되새겼다. 전두환, 노태우로 이어진 신군부의 정치를 완전히 끝내기 위한 거리 투쟁이 거센 파도처럼 출렁이던 여름 그리고 종로였다. 역사적 평가는 나중 일이지만, 대통령이 된 YS는 대선의 시점에서 노태우와 같은 집권 여당 사람이었으니, '정권 교체'는 명목상으로도 '실패'였다. 정권 교체를 원했던 가객의 입장에서 종로의 파도는 물거품이 됐다.

다시는 종로에서 깃발 군중을 기다리지 마라.
기자들을 기다리지 마라.
비에 젖은 이 거리 위로 사람들이 그저
흘러간다.
흐르는 것이 어디 사람뿐이랴,
우리들의 한 시대도 거기 묻혀 흘러간다.

그러나 흐르지 못하는 사람들, 흐르지 못하는 세월도 있어 누군가는 사람 사이를 거스르고 세월을 역행한다. 그런 의미에서라면 나 역시 20세기 말을 살아가는 중이다. 육신과 생계는 일찌감치 2000년의 경계를 넘어왔는데, 생각과 감성은 수십 년 전에 머문다. 명백한 퇴행이지만 집을 나설 때마다 옛 노래 몇 곡을 소환해 지난 세월을 뒤섞고 만다.

그렇게 뒤죽박죽된 세월에 대한 축복이기라도 할까. 해마다 벚꽃 흐드러지는 봄날의 광화문에 서서 공간의 사방팔방 아닌, 시대의 사방팔방을 둘러볼 때가 있다. 한가하고 방만한 관전의 폼으로, 첨단으로부터의 탈락, 습관이 되어 버린 시대착오를 위로하고 변명할 모종의 이유를 찾느라 궁리해 보는 것이다. 그러나 적절한 답은 떠오르지 않는다. 그저 시대착오적인 행복을 느끼는 분들이 나 말고도 또 있기를, 사실은 아주 많기를 바랄 뿐이다. 누구든 결국, 저마다의 세기世紀를 사는 것이겠거니 하면서.

당신의 상처가 이 도시를 치유하리라

싱어송라이터 제이Jay는 싱글 앨범 〈리빙 디셈버 Leaving December〉에서 상처받은 도시인을 노래한다. 맘속의 상처, 어둠을 직시하지 못하는 이들이다. 동굴처럼 깊어진 어둠이 그들을 또다시 찢고 헤집는다. 젊은 크리에이터는 그러나 상처에 굴복할 생각이 없다.

낙엽 지고, 눈송이 날릴 때
당신의 상처가 이 도시를 치유할 거야.
As the autumn leaves fall
The snowflakes recall
Your hurts will heal the town

그리고 주문한다.

그냥 한 걸음만 내디뎌. 상처가 별이 될 거야.
You, Just get out, then scars will be a star

가끔 제이의 노래를 귀에 꽂고 거리를 걷는다. 도심 곳곳의 생채기들이 눈에 들어온다. 가을도 아닌데, 겨울도 아닌데, 낙엽 지고 눈 날린다. 지상의 상처들이 하늘로 올라 한낮의 별로 뜬다. 내가 생각하는 도시의 상흔은 이런 것들이다.

어느 아침, 종로 3가를 지난다. 보도 옆으로 귀금속 도매상들이 즐비하다. 흔히 금은방이라 부르는 점포들이다. 금은방의 넓고 깨끗한 창 안으로 빈 진열대들이 가지런하다. 귀금속들은 금고 속에서 겨울잠을 자는 중이다. 괜한 노출은 야밤의 무모한 도벽을 유발할 테니, 잠재우는 편이 낫다. 그렇게 텅 빈 진열장 위로 빨갛고 노란 소형 입간판 하나가 솟아올랐다.

고가 매입. 순금, 14k, 18k, DIA

나는 상처받는다. 중중첩첩한 이 자본 시장에서 나의 몸값은 어느 정도일까? 나도 한번 고가로 매입되고 싶었는데, 이젠 세월에 깊숙이 잠식당해 그럴 기회는 더 멀어졌다. 그래서 곰곰이 생각해 보는데, 아무래도 순금이었던 적은 없다. 14k도, 18k도 아니었다.

젊은 시절의 어느 시기에는 그래도 은銀 대접은 받았던 게 아닐까? 그저 값싼 합금 정도의 품질이었고, 그 정도 대우를 받았던 것 같다. 저 멀리 세운상가 2층의 로봇 태권V가 눈에 들어온다. 무적의 강철 합금이었다면 그나마 좋았겠다. 다이아몬드는 꿈꾸지도 않았고.

귀금속 도매상 내부의 조그마한 입간판이 상처가 될 줄은 몰랐다. 아침부터 괜히 기가 꺾이고 눈길을 돌리고 만다. 그 정도면 상처가 맞지. 상처의 원인이라고 해야 정확할까. 나의 내면으론 이미 삭막한 도시의 아침 풍경이 비집고 들어왔고, 마음의 안팎은 구분되지 않는다. 상처의 인과因果가 섞인다.

8차선 건너편으론 수십 종의 생활용품이 노란 박스에 담긴 채, 노란 종이에 쓰인 가격표들을 흔들어 대는 중이다. 1,500원, 1,000원, 700원, 500원…. 폭탄 세일이다. 대륙간 탄도미사일처럼, 빨간 숫자들이 넓은 도로를 건너와 나의 가슴에 푹푹 꽂힌다. 거리의 가격표들이 죄다 다부진 탄두들 같다.

종로 거리의 어느 건물, 이삼 층만 올라가도 도시의 생채기들을 쉽게 발견할 수 있다. 오래된 골목에는 부서진 슬레이트 지붕들이 덮여 있고, 이곳저곳에서 도심 재개발을 위한 공사들도 한창이다. 주황색 포클레인들이 도심의 밑바닥을 박박 긁어댄다. 버려진 집기들이 어지러이 널린 담벼락들도 여전하다. 제각각의 상처들이다. 그러나 부끄럼을 모르는 자본의 공간에서 영업과 마케팅을 위한 카피와 숫자만큼 아픈 상처는 없다.

가끔은 현대의 모든 도시가 병중病中이란 생각도 한다. 철과 유리와 모래를 구태의연한 재료들로 치워 버린 첨단의 소재들이 만들어 낸 도시는 겉보기에는 멀쩡하다. 세련되고 화려하고 때론 우아하다. 낮은 조명들이 초저녁, 지상에서 예리한 각도로 고층 건물을 바라보기 시작하면 도시 전체가 별천지로 변신한다.

그러나 아침의 출근길, 빌딩 숲으로 향하는 활기찬 젊음들이 썰물처럼 자신들의 사무실로 흩어지고 나면 거리는 조금씩 침울해진다. 고개를 숙이고, 어깨를 늘어뜨린 노년들이 무표정한 얼굴로 거리를 활보하고, 지하철역 주위에서는 일군의 노숙인들이 늦잠을 깬다. 시도 때도 없는 매연과 미세먼지가 가세해 건물과 대기가 함께 잿빛으로 변해가는 동안, 풍경은 음울해진다. 도시는 위독하다. 병문안을 기다리는 중이다.

자연과 절연한 도시는 디스토피아에서 멀지 않다. 영화 속에 단골로 등장하는 '좀비 친화형 도시'들은 그저 상상 속의 일일까? 숱한 도시들이 위태로운 상태로 인공호흡을 기다린다.

젊은 아티스트의 싱글은 좀비 도시를 양산하는 문명을 비판하지 않는다. 창작자로서 그는 도시의 살풍경과 그 속에서 살아가는 사람들의 조울을 직감적으로 느끼고 아파할 뿐이다. 예술은 원래 그런 거니까, 비애를 분류하고 등급화하는 대신 실감할 뿐이니까. 그러나 아프게, 뼈저리게.

그의 노래를 듣는 것은 그렇게 민감하고 솔직한 실감이, 반전처럼 치유의 가능성을 포착한다는 사실 때문이다. 게다가 내 상처에서 치유가 시작된다는 것 아닌가? 정말이지, 낙엽 지고 눈송이 휘날리는 어느 날, 머리 위로 총총한 별들이 휘황하게 떴으면 좋겠다. 젊은 아티스트의 노랫말처럼, 힘겨운 도시를 치유해 줄 별, 한때는 너와 나의 상처였던 그 별들이 흐드러졌으면 좋겠다.

쉬운 길도 어렵고,

어려운 길도 어렵다.

사실, 어느 쪽이어도 괜찮다.

세월이 흐르면,

가지 않은 길과 간 길이 남을 뿐.

어느 길을 택하든

묵묵히 제 길을 가는 것,

그것만이 갈림길을 대하는

등산객의 태도다.

문득 뒤를 돌아보았다

어차피 인생은 셀프라던 그에게
—수유 아카데미하우스

어차피 인생은 셀프야…. 농반진반弄半眞半 하던 후배가 있다. 영어로도 한국어로도 어색해 기묘한 이 문장은 여러 색의 뉘앙스를 품는다. 그래서인지 사랑하는 나의 후배가 이 문장을 내뱉는 순간, 무미한 공간 속으로 자조와 경고와 탄식이 한꺼번에 스몄다. 말 한마디가 만들어 내는 생소한 풍경에 반한 나도 언제부터인가 그를 따르기 시작했는데 예컨대, 누군가 괜한 도움을 바라거나, 누구도 나를 도와주지 않을 때 툭, 한마디 던지는 거다.

인생은 셀프야!

그렇게 셀프인 인생을 중년에 접어들며 절감하는 중인데, 그 절감의 절정이 새벽의 홀로 산행에 있다. 그리고 어느 날 문득, 고군분투와 같은 산행의 이유를 스스로 성찰하고 싶었다. 나는 왜 동트기 전 새벽에 외롭게, 혼자서, 쓸쓸히 산을 헤매는 걸까?

북한산에서 새벽 산행의 진수를 맛보게 해주는 루트 중 하나가 강북구 수유동 아카데미하우스에서 시작하는 길이다. 2킬로미터 정도만 걸으면 대동문에 이르는 효율적인 루트인데, 희한할 정도로 한적하다. 대동문으로 직접 통하는 또 하나의 루트, 진달래능선이 주말이면 시장으로 복작거리는 것과 비교된다. 산행 내내 북한산, 도봉산의 주요 봉우리들을 보여 주는 진달래능선에 대한 탐닉일까. 4·19 민주묘지 쪽에서 산행을 시작해도, 대부분 백련사를 지나 진달래능선에 합류하는 식이 많다.

 암튼, 안 그래도 사람 없는 아카데미하우스 길에 동트기 전 도착하면 정말, 아무도 없다. 그리고 초반 몇 분을 걷고 나면 대동문까지 이어지는 상당한 경사의 계곡 길. 사방이 막혀 적막한 계곡을 외롭고 쓸쓸히 걸으면서 나는 묵언한다.

 적막과 묵언. 듣지 않고 말하지 않는 게 새벽 홀로 산행의 이유다. 몇 시간 동안 누구의 얘기도 듣지 않을 권리, 입도 뻥긋하지 않을 자유는 요즘 세상에서 쉽게 얻어지지 않는다. 하지만 언어와의 단절, 격리를 통해서만 우리는 자신만의 심연에 든다. 누군가 '심연이라는 초호화 호텔'을 얘기한 적이 있다. 온갖 비난과 비판, 칭찬과 격려에서도 해방된 나만의 북한산 계곡, 그 심연은 정말 6성급의 초호화 호텔이다.

단절斷絶과 고립孤立을 통해 정화淨化를 꿈꾼다. 한 시간 남짓 말없이, 기척 없이, 사람의 흔적 없이 계곡을 거닐면, 일주일 내내 마음을 채우고 있던 흙탕물이 맑아진다. 서서히, 부유하던 흙이 가라앉는다. 그렇게 투명해진 마음속으로 찬바람이라도 훅 불어오면 가슴이 펑 뚫린다.

그런 즐거움을 포기하기 싫어, 나는 내 산행에 동참하겠다는 몇몇 지인들의 요청을 완곡하게 물리곤 한다. 눈 감은 채 정좌한 정색의 참선이 아니어도, 새벽 홀로 산행이면 선禪할 수 있다고 믿으니까. 천년 전 중국의 선사 운문이 그랬다. 좋은 일도 일 없는 것만 못하다고. 한 시간 남짓의 묵언과 자발적 대인 기피면, 그렇게 아무 일 없는 나만의 심연, 그 초호화 호텔에 들 수 있다. 그 정도면 선善이고 선禪이다.

아마도 인생은 셀프가 아닐 거라 생각한다. 셀프여서도 안 된다고 생각한다. 하지만 산행은 정말 셀프라는 생각을 북한산에 오를 때마다 한다. 사랑하는 후배 ○○야, 산에 함께 가자고 했지. 산행은 셀프야. 따라 오지 마.

안단테, 안단테… 조급해 말아요

―의상능선

　북한산 자락 평창동에서 일한 적이 있다. 소설을 주로 내는 조그만 출판사에서 주간을 했다. 형제봉이 멀지 않았고, 평창계곡을 치고 올라가면 대성문도 지척이었다. 한때 북한산행의 출발지로 유명하던 예능교회에서 멀지 않은 곳이다.

　출판사 주간으로 일하는 동안, 북한산과의 심리적 거리를 줄였다. 실제로 산 위에 머무는 시간도 많았다. 주말이면 막막하고 캄캄한 새벽 5시에 백운대 정상에 출현하기도 했고, 불광동에서 우이동에 이르는 북한산 간략 종주를, 남들 기지개 켜는 주말의 아침 네댓 시간 동안 해치우기도 했다. 짜릿했다. 북한산 능선에서 펼쳐지는 나의 동분서주와 종횡무진을 보고 지인들은 북한산 다람쥐란 별명을 줬다. 바람처럼 날쌔고, 나뭇잎처럼 가벼웠다. 그렇게 나는 한때 다람쥐였다.

그러나 내 속의 다람쥐가 나는 오랫동안 불편했다. 새벽에 집 나서, 산을 타기 시작하는 바로 그 순간부터 누군가 내 앞에 있는 걸 참지 못했다. 추월하고, 추월하고, 또 추월했다. 누구보다 빨리 계곡을 벗어나야 했고, 누구보다 빨리 산 중턱의 마루에 서 있어야 했다. 그 시절 나의 등산은, 내 눈앞의 남녀들을 하나둘씩 소거해 가는 일이었다. 내 눈앞에는 나뭇잎과 바람만 남아야 했다. 아무도 보이지 않아야 했다. 그래야 행복했다.

다행히 평균 이상의 근지구력과 심폐 기능이 비정상적인 추월 욕구와 다람쥐 본능을 받쳤다. 초·중·고 시절, 수업 시간만 빼면 종일 운동장을 뛰어다녔다. 20대 이후 사회생활이 선사한 방종과 폭주의 술자리에도 불구하고 중년을 넘겨 아직 이럭저럭 살아 있는 것은, 어린 시절의 쉼 없는 질주 때문이겠거니, 가끔 자평한다. 이제는 그 에너지마저 다 소진했지만.

아무튼, 그렇게 다람쥐처럼 산을 쏘다녔다. 산 바깥에서는 특별할 것 없는 인생이었지만, 산 안에서는 약간 특별한 것도 같다고 스스로 생각했다. 산에서만큼은 1등, 1등, 1등이었다. 누구보다 빨리 산행을 시작해, 누구보다 빨리 정상에 올랐다. 남들 올라올 때, 나는 내려갔다. 그런데…, 대체 왜 그러고 다녔을까?

강박과 조급은 어느 정도 시대의 징후라고 생각한다. 그러나 나는 위중한 편에 속한다. 누군가 쫓아오고 있다는 느낌, 그들을 떨쳐내야 한다는 느낌으로 20대를, 30대를, 40대를 보냈다. 그런데 무언가에 쫓기고 있다는 그 느낌, 그 두려움, 이건 사실 인류사적인 공포이기도 하다.

동물을 사냥하고, 나무 열매를 따 먹던 시절의 호모 사피엔스를 잠깐 떠올린다. 볼품없는 체구, 힘없는 손발, 사나울 것 없는 이빨…. 호모 사피엔스들은 그 보잘것없는 몰골로 광포한 숲을 헤치고 다녔다. 공격보다 방어가 문제이던 시절이다. 뒤에서 곰이라도 한 마리 달려들면, 바로 끝장이다. 그래서 무언가를 쫓아가면서 무언가에 쫓기는 모습은 인류의 원초적 상황인 동시에, 원초적 공포의 근원이다.

북한산 다람쥐라는 말, 아마도 칭찬이었을 게

다. 나는 내 지인들의 사람됨과 온정을 믿으니까. 그러나 다람쥐라는 말을 들을 때마다 마음 한구석에는 늘 우울이 똬리를 틀었다. 내 마음속의 다람쥐는 확실히, 강박과 조급과 공포의 흔적이었다. 발현이었다.

요새 나는 다람쥐 스타일의 산행을 처음으로 멀리하는 중이다. 지난주에도 향로봉, 비봉, 승가봉을 지나 문수봉에 이를 때까지 여러 번을 쉬었다. 멀리로 펼쳐지는 응봉능선과 그보다 더 멀리 펼쳐지는 의상능선, 그 뒤 백운·만경·인수의 삼각 봉우리를 한참 쳐다봤다. 조그만 바위 위에서, 야트막한 언덕 위에서 넋을 잃고 절경을 보며 황홀했다.

문수봉에서 뒷걸음쳐 청수동 암문으로 내려간 뒤, 오른쪽으로 방향을 틀어 나한, 나월, 용혈, 용출, 의상봉을 오르락내리락하면서도 한가했다. 수많은 등산객이 쉴 새 없이 나를 추월했다. 많이 기뻤다.

그렇게 의상봉의 험한 암반을, 철제 구조물을 부여잡은 채 아주 서서히 내려오면서 나는 서행과 만행의 즐거움을 만끽했다. 울뚝불뚝한 북한산의 봉우리들을 뒤로한 채, 북한산성 탐방지원센터 쪽 출구를 향해 가면서 나는 안단테, 안단테…를 흥얼거렸다. 먼 옛날 북유럽 출신의 4인조 아바ABBA가 들려주던 감미로운 목소리 그대로, 나지막하게.

    조급해 말아요.
    여름날 저녁 미풍처럼 날 부드럽게
    어루만져요.
    서두르지 말고, 천천히.
    안단테, 안단테….

문득 뒤를 돌아봤다.
나를 쫓는 사람은 없었다.
내 속의 다람쥐도 보이지 않았다.

꽃 피우지 못하는 삶이 더 많다
_불광동 대호아파트

동백꽃의 결연한 죽음에 대해선 말들이 많았다. 시들 기색조차 없다가 어느 새벽 툭, 하고 떨어지는 동백꽃의 갑작스러운 낙하는 사람들을 경악시켰다. '세 번 핀다'는 말은 그래서 나왔다. 가지 위에서 한 번, 땅에 떨어져 한 번, 보는 이들의 마음속에서 한 번…. 동백꽃의 짧은 생生에서 신심 깊은 사람들은 핏빛 순교를 보았다.

때 이르게 선운사를 찾았던 미당未堂(서정주)이 연전年前에 피었던 동백의 자취에 가슴 쓸어내린 것도 그 결연함 때문이다. "동백꽃은 아직 일러 피지 않았고, 막걸릿집 여자의 육자배기 가락에 작년 것만 오히려 남았습디다"라 시인은 절창했다. "그것도 목이 쉬어 남았습디다"라고, 고금에 유례없는 감상을 남겼다(〈선운사 동구〉 부분 인용).

동백의 기막힌 사연은 세월을 넘길수록 강렬해

진다. "가장 눈부신 순간에 스스로 목을 꺾는 동백꽃을 보라"던 이는 문정희 시인이다. "모든 언어를 버리고 오직 붉은 감탄사 하나로 허공에 한 획을 긋는 단호한 참수, 나는 차마 발을 내딛지 못하겠다"고 시인은 탄식했다(〈동백꽃〉 부분 인용).

그러나 어디 세상에 결연한 죽음뿐인가. 고달픈 죽음, 덧없는 죽음이 많아서, 올봄에도 그 죽음의 메타포들을 숱하게 직면해야 했다. 갖가지 나무들이 우리가 지나온 산과 길에 흩뿌려 대던, 형형색색의 죽음들에 대해 몇 마디라도 보태고 싶다.

동백이 피고 진 뒤 얼마 지나지 않아 목련이 피고 졌다. 고단한 죽음의 전형이다. 고급한 아이보리색의 꽃송이는 가지 위에 몸을 꼿꼿하게 세운 상태로, 급속하게 노화한다. 미동 없이 갈색으로, 흑색으로 타들어 가는 꽃봉오리, 그 안의 보이지 않는 속내를 우리는 얼마나 알 수 있을까? 끝내 알 수는 있을까?

늦봄의 목련, 그 시들어 가는 꽃송이에서 생로병사의 괴로움을 절감한다. 우리도 한때는 목련처럼 해맑았다. 우리도 언젠간 목련처럼 시들어 간다. 엔간한 자연사自然死는 대개 그런 모양새다. 영원한 젊음을 희구하는 일은 헛된 바람이다. 우리의 짧고 긴 삶들도 죄다 헛소동이기 쉽다. 목련은 그렇게 우리 삶의 맞은편에서, 우리 삶을 미리 살고 위로한다. 시들어가는 일의 애틋함을 웅변한다.

젊을 때는 탐스러운 꽃송이로 봄밤을 밝힌 목련에 반했다. 나이 들어선 눈에 밟히는 병중病中의 꽃송이를 보며 슬퍼한다. 차마 맘속에 담아 두지 못할 풍경…. 한참 후 모진 세월마저 다 넘기고 나면, 목련의 화려와 쇠락을 동요 없이 쳐다볼 수 있을까? 품을 수 있을까? 그것을 아직도 모르겠다.

목련과 앞서거니 뒤서거니, 얼마 전까지 벚나무가 피워 올리던 작은 꽃잎들도 그예 자신의 생사를 달리하는 중이다. 그 작은 분홍 꽃잎들의 무한 조합이 얼마나 아름답던지 하이쿠의 대가는 이리 읊었다. 두 사람의 생애, 그사이에 피어난 벚꽃이어라…. 두 사람 사이에 얼마나 진한 연분과 애틋함이 있었기에 해마다 봄이면 그리도 흐드러지는가.

벚꽃은 예고 없이 확 피어난다. 대규모 정전처럼 확 사라진다. 클라이맥스만을 보여 주는 벚꽃이다. 피어나는 순간, 벚꽃은 이미 한바탕 절정이다. 그리고 단 며칠 만에 홀연히 사라진다. 간밤만 해도 투명한 대기를 분홍으로 물들였는데 오늘 아침에는 모두 어디로들 간 건지. 벚꽃들은 전국의 콘크리트와 흙바닥을 화려한 점묘點描로 수놓는 중이다. 소리 없는 그 죽음을 뭐라 표현해야 할까?

참으로 홀가분한 죽음이다. 한 시대를 풍미하고는, 집도 절도 없이 떠돌다 바람 속으로 사라지는 나그네의 삶이 벚꽃에 아로새겨져 있다. 동백의 결연함도 아닌, 목련의 고단함도 아닌 그 무엇이 벚꽃의 죽음을 그리 홀가분하게 만들까? 자유로운 듯 가벼운 그 죽음이야말로 덧없는 삶의 반증이다. 덧없어야 좋은 삶일까? 그것 역시 아직 모르겠다.

동백과 목련과 벚꽃의 각기 다른 삶, 각기 다른 죽음을 목도하면서 잊지 않았으면 하는 게 있다. 꽃 피우지 못한 삶, 꽃 피우지 못한 죽음이 우리 곁에는 많다. 그런 삶과 죽음이 우리가 사는 세상의 거의 전

부일지 모른다.

　많은 식물들이 생존을 위해 세상에 씨를 퍼뜨리지만, 모든 식물이 꽃을 통해 그리하는 것은 아니다. 꽃은 오랜 진화 과정을 거쳐 소수의 식물들만이 독특하게 만들어 낸 생존 장치다. 꽃 피우는 식물들은 화려한 꽃잎으로 곤충들을 유혹해 꽃가루(씨)를 퍼뜨린다. 꽃이 없는 식물들은 다양한 방법으로 자신들의 씨를 세상에 흩뿌려야 한다. 그저 바람에만 의지해야 하는 경우도 있다. 무질서한 공기의 흐름에 자신의 운명을 내맡기는 것은 무애無碍의 경지다.

　시야의 고도를 찬찬히 낮추어 갈 때, 산자락의 낮은 풀잎들이 눈에 들어온다. 크고 풍성한 나무들 발치에서, 널찍한 나뭇잎들이 흡수하고 남은 소량의 햇빛으로 힘겨운 삶을 지탱해 나가는 여린 풀잎들이다. 세상에는 그렇게 숨은 삶이 많다. 때론 짓밟혀야 하는 삶도 있다. 그 삶까지가 우리들의 세상이다.

　주말에 오르는 북한산은 눈부셨다. 5월의 태양이, 수억 년 묵은 화강암 군집이, 생명력을 주체 못한 잎들이 빛을 냈다. 그렇게 금빛과 잿빛과 초록과

고동古銅이 어울린 북한산 숲길 사이로 꽃들이 피고 지는 중이다. 바람이라도 불면, 그 아래로 이름 없는 풀들이 지친 몸을 누인다. 풍광이 기적 같아 자주 멈칫했다.

그날, 서울 불광역 뒤 대호아파트 곁길을 통해 족두리봉으로 단숨에 치달아, 향로봉과 비봉과 승가봉과 사모바위를 거쳐 문수봉에서 한숨 놓은 뒤, 대남문·대성문·대동문을 오르내리며 지칠 만큼 지치고, 다시 동장대와 용암문과 위문을 거쳐 백운대에 설 때까지 북한산 풍경은 내내 첩첩하고 중중했다.

그 깊고 그윽한 풍경 속에서 제 위치를 지키고 있을, 꽃 있는 것들과 꽃 없는 것들의 오래된 조화를 떠올리면서 가끔씩, 울컥했다.

시베리아

_이반하던 것들의 화해, 그 절경

　마음 황량하던 어느 해 가을, 시베리아를 횡단한 적이 있다.

　시베리아 평야를 지나고, 바이칼을 두르고, 우랄을 넘어 열흘을 내달렸다. 열차와 비행기와 두 발과 호기심과 인내로, 극동의 블라디보스토크에서 모스크바까지 1만 킬로미터를 쉬지 않고 행진했다. 일곱 개의 시간대를 거스르며, 가을에서 겨울로, 유라시아의 절반을 가로질렀다.

　열흘간 1만 킬로미터이니, 하루에 1000킬로미터다. 날마다 서울~부산을 왕복하며 열흘을 지낸 격이다. 현기증 나는 일이다. 어지러운 일이다. 날마다 풍경이, 사람이, 주위의 목소리가 바뀐다. 잠자코 있던 모든 것을 흔들어 대며 휙휙 지나가는 열흘인 것이다. 오랫동안 잠복했던 많은 것들이, 그 속도와 진동에 잠 깨 고개를 든다. 현기증, 그 어지러움 속에서만 새로운 사유와 감각이 눈을 뜬다.

극동, 유럽의 변방인 블라디보스토크가 시작이었다. 세상에는 많은 '땅끝'이 있고, 그곳이 어디든 땅끝의 사람과 도시는 외로움을 탄다. 부동항을 확보하고, 동방을 공략하기 위해 러시아가 계획적으로 조성했던 항구 도시 블라디보스토크에도 그런 쓸쓸함이 넘쳤다. 얼마간 역사적인 쓸쓸함이기도 한…. 블라디보스토크는 상업 도시로 출발해, 반혁명의 도시가 되었다가, 다시 폐쇄적인 군사 도시로, 후에는 마피아가 설치는 암흑의 도시로 쇠락했다. 역사적으로, 외롭고 쓸쓸했다.

그 영욕의 150년 역사를 뒤로하고, 자신의 정체성을 새롭게 만들어 나가는 블라디보스토크의 변화는 진중하되, 저력으로 가득했다. 세상의 끝에서, 또 부침과 질곡의 끝에서 블라디보스토크는 새로운 시작을 꿈꾸는 중이었다. 모든 이들이 끝을 얘기할 때, 시작을 천명하는 곳, 그곳이 블라디보스토크다.

불필요한 일인지 모르지만, 불가능한 일일지 모르지만, 블라디보스토크에서 모스크바까지 1만 킬로미터를 한 페이지에 요약해 두고 싶었다. 다른 이들과도 나누고 싶다.

시베리아 횡단 열차

2명 또는 4명이 함께 자는 객실과 좁은 복도로 이루어진 이 낡고 튼튼한 열차는 기이한 공간이다. 몇 날 며칠이고 지루하게 반복되는 창밖, 자작의 숲과 황량한 벌판은 우리의 머릿속에서 시간을 증발시킨다. 시간은 변화가 있을 때만 의미를 가진다. 가도 가도 보이는 거라곤, 변함없고 무심한 풍경뿐일 때, 시간은 자취를 감춘다. 시베리아 횡단 열차는 달리는 내내, 쉬지 않고, 시간을 지워 나갔다.

시간이 사라진 공간 속에서, 새로운 관계가 탄생한다. 러시아 사람들 사이로 다른 인종과 민족, 국적이 수시로 끼어드는 시베리아 열차다. 그들은 격의 없이 한 방에서 자고, 먹고, 얘기하고, 친구가 된다. 어찌 보면 당연한 일이다. 역사의 시간과 문명의 시간이 그들을 잠시 갈라놓았다. 시간이 사라진 곳에서 경계도 사라진다.

시베리아 횡단 열차는 멀어졌던 이들을 새롭게 관계 맺어 주는 융합의 시공간이다.

바이칼

과도한 문명의 시대에 바이칼 호수는 자체로 행운이다. 바이칼을 찾는 사람들은 예외 없이, 그 광대무변廣大無邊 앞에서 넋을 잃고 할 말을 잃는다. 너무 큰 것은 없는 것이나 다름없다. 만지고, 재고, 느낄 수 있어야 표현할 수 있다. 문명은 모든 걸 표현하려 들지만, 바이칼은 표현을 거부한다. 그 거대한 장벽을 앞에 두고, 사람들은 휴식한다.

바이칼 앞에 서는 일은 문명으로부터 후퇴해, 숭고하고 거룩해지는 일이다.

자연의 신성한 깊이에 빠지는 일이다.

우랄

저 멀리 북극해로부터 카자흐스탄까지, 우랄산맥은 러시아를 남북으로 종단한다. 낮은 포복으로 남진해 온 우랄산맥은 러시아를 뜨기 직전 예카테린부르크라는 작은 도시를 만들어 놓았다. 우랄은 유럽과 아시아를 가르는 자연의 경계비 역할을 해왔다. 예카테린부르크는 굳이 우랄의 중심을 찾아, 아시아·유럽 경계비를 세워 놓았다.

그 앞에 서서 왼쪽을 보면 유럽이고, 오른쪽을 보면 아시아다. 그러나 그 앞에 서는 누구나, 좌·우, 유럽·아시아 구분이 무의미하단 사실을 깨닫는다. 사람들과 사람들이 하는 일은, 경계비 따위를 아랑곳하지 않고 길고 크고 넓게 이어져 있다. 굳이 구분하자면 유럽과 아시아가 아니라, 유라시아일 것이다. 그러나 언제나 긴밀히 이어져 온 세계사 속에서, 유라시아란 용어 역시 얼마나 자의적인가. 아무런 쓸모없는, 또 하나의 경계비일 뿐.

그리고 다시 모스크바로

세상의 끝, 블라디보스토크에서 시작하는 시베리아 열차 횡단은 모스크바에서 끝난다. 변방에서 시작해 중심으로 향해 오는 동안, 참으로 많은 것들이 변했다. 문명의 시간이 사라졌고, 모르던 사람들이 인사를 나누었고, 유럽과 아시아는 경계를 지웠다.

시베리아 열차는 그렇게 반전反轉을 꿈꾸며 오늘도 달린다. 황량한 벌판을 아무 말 없이, 서두르는 법 없이 관통하면서, 흩어지고 멀어졌던 많은 것들을 한데 끌어모은다. 그동안, 우리가 만들어 놓은 온

갖 경계들이 허물어지고, 이반離反하던 것들이 화해한다.

바이칼

_가늠할 수 없는 그의 속내

시베리아 횡단 중 잊을 수 없는 게 바이칼이다.

횡단의 어느 새벽, 열차를 버리고 일행과 함께 바이칼로 향했다. 가늘게 뜬 반달의 푸른 눈으로 시베리아를 수천 년 지켜온 내륙의 신성한 바다 바이칼.

시베리아 곳곳의 정령들이 수천 년에 걸쳐, 수백 개의 하천을 따라 바이칼로 모여들었다. 바이칼은 그 신령한 몸을 함부로 내어주지 않는다. 모든 구애를 물리고 오직 하나의 물길을 내주었을 뿐이다. 그 신성한 단 하나의 물길, 앙가라를 거슬러 바이칼로 올라갔다.

거스른다는 것, 그것은 회귀의 감행, 원형으로의 복귀, 잃어버린 자신의 영혼을 찾아가는 일이다. 깊은 바다와 짙은 안개와 무성한 숲 사이로, 수많은 정령이 아직도 은밀한 바이칼에서 회귀의 의미는 차갑게도 명료하다.

　이르쿠츠크 시내 이르쿠츠크 호텔에서 출발해 앙가라강을 거슬렀다. 그 명료한 회귀의 70킬로미터를 하얀 거죽의 자작들이 호위해 준다. 무채의 거죽들은 바이칼에 피어오르는 안개를 닮았다. 안개 속에 자신을 감춘 정령들의 보호색이다. 자작은 바이칼 정령들의 육화다. 바이칼에 닿기 훨씬 이전부터 혼미해졌다. 자작과 자작을 넘어 흘깃흘깃 보이는 앙가라가 내뿜는 바이칼 말단의 기운만으로도 우리는 냉정을 유지하기 어려웠다.

　잠시 멈추어야 했다. 차를 세우고 앙가라 상류 부근 자작의 숲으로 잠시 피신했다. 바이칼을 만나기 전 자작부터 익숙해져야 했다. 차라리 자작의 거대한 품에 몸을 맡기기로 했다. 내던지고 동화됨으로써, 견뎌 내는….

　자작에 취해 앙가라를 거슬렀고, 자작에 동화해 바이칼을 만났다. 바이칼은 압도할 뿐 자신에 대한 아무런 설명도 주지 않았다. 가늠할 수 없는 속내로 자신을 지극히 멀리까지 수평으로 펼쳐 놓을 뿐이다. 아무런 설명도 주지 않았다.

설명 없이, 그러나 숨김 없이 아주 깊이까지 자신을 내보이는 이 기이하게 투명한 바다 앞에서 칸트 식의 숭고를 떠올렸다. 그러나 여전히 숭고는, 말할 수 없으며 설명할 수 없다는 고백이다. 그러나 나는 바이칼을 설명하고 싶었다.

탐색해야 했다. 바이칼의 초입부터 시작했다. 아마도 몇백만 년 전, 앙가라에 자신의 일부를 내어주면서 바이칼은 큰 바위 하나를 세워 자신과 앙가라를 구분했고, 몽골인들은 그것을 샤먼으로 섬겼다. 그러나 앙가라에 세워진 몇 개의 댐은, 바이칼에 도전하듯 물을 막아 역류시켰고 샤먼은 이제 눈에 띄지 않을 정도까지 수몰했다.

그러나 성내지 않는 바이칼이다.

호수의 서면을 북동으로 거스르자, 호수에 바짝 붙어 시장이 나타났다. 바이칼을 찾은 사람들은 이곳에서 바이칼에서 잡아 올린 생선 오물Omul을 사다가 호변에 마련된 부스에서 먹는다. 바로 옆으로 수십의 소형 유람선이 바이칼을 기웃하고 싶은 이들을 호객한다. 그 경망 앞에서 바이칼은 여전히 자신을 멀리까지 펼쳐 놓을 뿐 아무런 기척이 없다.

나는 몇 잔의 맥주로 인한 대낮의 취기를 벗 삼아 바이칼을 이리로 저리로 헤맸다. 멀리로 시선을 두고 이곳저곳을 관망했다. 바이칼은 그러나 여전히 추상과 구상을 뛰어넘는 저편에서 거대한 숭고로만 자족적으로 존재했다.

속내를 들여다볼 심산으로 근처 박물관에 들렀다. 2500만 년 전의 탄생, 700킬로미터의 길이, 1700미터의 수심, 까만색 눈의 귀여운 물개 네르파, 그리고 점심 맥주에 염장으로 곁들였던 오물 등의 바이칼 특유 어종…. 낮은 수온, 계절에 따른 얼음과 강풍, 수평 수직의 물 흐름. 녹조류를 섭취해 바이칼을 아주 깊이까지 투명하게 만드는 작은 갑각류의 존재….

그러나 몇몇 숫자와 정보의 총합은 바이칼의 흐릿한 윤곽이라도 우리에게 선사하는가. 바이칼을 어떻게 설명해야 할까?

높이 올라서 내려다보면 다를까? 리프트를 타고 전망대로 올라갔다. 아, 아주 오래전 몽골인들이 바위 조각들로 쌓아 올렸을 작은 구조물…. 주위로 오방색의 천 조각들이 나뭇가지들을 어지러이 부여잡고 있다. 바이칼을 최대한 넓게 바라보며 그들은, 소원을 빌었다. 저, 끝을 알 수 없이 거대하고 넓은 바이칼 신에게 자신들의 미래를 위탁했다.

그 옛날 바이칼 신을 모시던 제단에 기대어 서서 한참 동안 바이칼을 내려다보았다. 탐색을 위해 내가 차로, 걸음으로 돌아다닌 몇 킬로미터를 되새겼다. 운행과 도보 중의 생각, 그리고 단편의 정보들도 복기했다.

그러나 그것으로 무엇을 얘기할 수 있는가? 바이칼은 다가서면 물러서고, 붙잡으려 하면 사라진다. 그냥 하염없이 그 자리에, 광대무변하게 서 있기만 할 뿐이다. 나의 몇 킬로미터 도보와 한 줌의 생각으로 도대체 무엇을 알 수 있다고 기대했나.

나는 울긋불긋, 기원과 기도 그득한 산 정상에서 마지막으로 바이칼을 쳐다보았다. 바이칼은 과연 무엇일까? 바이칼은 우리에게 어떤 메시지를 주고 있는가? 그때 앙가라 상류로부터 올라온 짙은 안개가 바이칼 위를 덮어 가기 시작했다.

바이칼 전체가 한순간, 흐릿한 태양 아래서 몽롱했다. 바이칼의 짙은 안개가 흔한 일은 아니라고 옆에 있던 누군가 말해 주었다.

깊고 그윽한 풍경 속에서

제 위치를 지키고 있을,

꽃 있는 것들과 꽃 없는 것들의

오래된 조화를 떠올리면서

가끔씩, 울컥했다.

천천히, 느긋하게, 고독하게

사유할 것인가, 노동할 것인가?

오르는 대신 둘러 가는 길을 왜 만들었을까? 스물한 개의 북한산 둘레길 가운데 첫 번째인 '소나무숲길' 앞에서 잠시 주춤했다. 우회는 근대와 현대의 습성이 아니다. 우리 시대의 미덕은 언제나 직진과 상승이다. 멀리 보고 곧장 질러가는 것, 높이 보고 수직으로 치솟아 가는 것, 그게 거의 모든 이들의 바람이다. 주변을 배회하는 건 낙오와 실패의 징후다.

북한산을 둘러 가기로 한다. 우이령 초입에서 덕성여대 근처 솔밭근린공원으로 향하는 3.1킬로미터 길은 이름값 하듯 소나무들의 군집이다. 많은 이들이 이곳, 소나무 가득한 1코스에서 우이령에 갈음하는 21코스까지 둘레길 완주를 희망한다. 북한산과 도봉산을 시계 방향으로 도는 타원의 길. 이 길을 다 돌고 나면 좋은 일이라도 생길까?

히말라야였던가. 아시아 대륙의 복판에는 설

산雪山이었다가 성산聖山이었다가 하는 산들이 여럿이고, 그 산들 주위론 전설들이 눈발처럼 흩날린다. 사연 중에는 하늘로 우뚝 수천 미터를 치솟은 신비의 산 둘레를 도는 트래킹에 얽힌 이야기들도 있다.

이런 식이다. 살면서 산 주위를 한 바퀴 돌면 이번 생에 저지른 잘못이 씻긴다. 깨끗이, 흔적 없이. 이번에는 백팔 번뇌로부터의 유추일까? 사는 동안 백팔 회, 산을 돌고 또 돌면 모든 번뇌가 사라진다. 윤회가 끊긴다.

한 바퀴도, 백팔 바퀴도 쉽지 않다. 모질게 마음먹지 않으면 이루기 힘들다. 그러나 보답은 심대하다. 살면서 저지른 잘못이 사라진다. 악덕의 소거는 과거로 소급해, 침묵의 순례 중에 윤회의 악순환까지 끊긴다는 것 아닌가. 이번 생의 초월을 위해, 찬 바람을 맞으며 묵묵히 산을 도는 이들을 상상하는 것만으로 숭고하다. 나도 히말라야 순례를 꿈꾼다.

그런데 궁금했다. 산은 왜 에두르는 이들만 축복하나. 히말라야 정상에 오른 이들이 죄업을 씻고, 성자가 됐다는 전설은 보지 못하고 듣지 못했다. 오직 둘러 가는 사람들에게만, 눈 덮인 성산은 초월의 기회를 준다. 산을 오르는 일에는 무슨 문제가 있나. 산을 휘감는 일에는 왜 문제가 없나.

자신을 오르는 이들에게 산은 냉혹하다. 극심한 현기증을 선사하고(고산병), 죽을 지경의 호흡 곤란을 건넨다(저산소증). 내려가라, 내려가라, 내려가라 한다. 산을 오르는 일은 산을 거스르는 일이다. 정복을 꿈꾸는 이들에게 산은 관대하지 않다. 자신을 넘어서려는 인간들을 향해, 산은 매서운 한기寒氣와 노골적인 노여움을 한꺼번에 뿜어댄다.

오르려는 자는 대등해지려는 자다. 거대한 산은 오만한 이들에게 침범을 허하지 않는다. 내치고, 떨구고, 파묻는다. 에두르는 자, 휘도는 자는 낮아지려는 자들이다. 경건한 눈빛으로, 눈 덮인 정상을 쳐다만 볼 뿐, 오르려 하지 않는 사람들. 돌고, 돌고, 돌 뿐인 사람들이다. 그들은 말없이 돌면서 스스로를 낮추고, 낮추는 동안 자아를 버린다. 죄를 씻는다.

사유할 것인가, 노동할 것인가.
오래전 프랑스의 한 신문은 미국에 출장 가 아침마다 뛰어 대는 대통령에게 물었다. 산책은 사유,

조깅은 노동…. 문명의 선배인 유럽인들은 그렇게 실용의 미국인, 조깅의 미국인들을 조소했다. 산책과 사유로 일궈 낸 유럽의 전통을 왜 욕보이는가, 신문은 꾸짖었다.

꾸짖건 말건 그들의 일이지만, 나도 북한산 등산로 입구에 서서 비슷한 질문을 두어 번 던졌다. 두를 것인가, 오를 것인가. 산책할 것인가, 등산할 것인가. 순응할 것인가, 정복할 것인가. 그래서 스스로를 낮출 것인가, 올릴 것인가….

해탈 아니어도, 사유 아니어도 둘레길 산책에는 커다란 묘미가 있다. 월요일의 일상처럼 기를 쓰지 않아도 그만이다. 채우는 대신 비운다. 거스르지 않고 따른다. 자연과 도시가 맞닿은 경계를 천천히 거니는 즐거움은 또 어떤가. 질타당하기 쉬운 좌고우면左顧右眄을, 둘레길은 권한다.

그런 생각들을 하며 40~50분 걸었을까. 다단한 삶을 휘감듯, 3.1킬로미터의 길지 않은 첫 번째 둘레길을 유영하고 나니 그새 솔밭근린공원이다. 천 그루의 소나무가 빽빽한 듯 휘영하다. 너무도 한가해 절경에 뒤질 것 없는 풍경이다.

랭보

_압도적으로 모던하게,
절대적으로 한가하게

프랑스의 시인 아르튀르 랭보가 150년 전에 그랬다.

절대적으로 현대적이어야 한다Il faut être absolument moderne!

『지옥에서 보낸 한 철』이란 시집의 어느 시편에 등장하는 말이다. 랭보의 원어 문장에서 '현대'는 '모던moderne'이다. 그러니까 요즘 식으로 모던하게 번역하자면 이 문장은 "압도적으로 모던해야 한다" 정도가 되겠다. 그러나 랭보의 문구를 문학적으로, 혹은 철학적으로 파고들 의지와 실력은 없으니, 그저 이 유명한 상징주의 시인의 문장을 이리저리 굴려 보며 혼자 즐거워할 뿐인데…. 그러다가 랭보 문장의 패러디를 하나 만들어 놓고 스스로 즐거워하기도 한다. 언젠가 이런 문장을 하나 메모해 두고는 홀로 만족해했다.

    절대적으로 한가해야 한다!

    번잡한 도심에서 오랫동안 샐러리맨 생활을 하면서 나는 오랫동안 분주했고, 그 오랫동안 늘 한가하고 싶었다. 그러나 나의 직업적 일상은 긴장과 복잡을 끝끝내 탈피하지 못해, 먼발치에서만 바라보던 어떤 이들의 유한有閑은 이번 생에 도달하지 못할 꿈이 되어 버리는 거 아닌가, 일찌감치 체념했다.

    그러나 체념하면서도 또 포기하지 않고 자신의 꿈을 좇고야 마는 게 보통 사람들의 생존 방식 아닌가 한다. 그래서 나는 내가 살아 있는 한 끊이지 않을 산책의 여정에서나마 지극한 한가와 여유를 발견하고자 했다.

    인간은 운명적으로 두 발로 걸을 수밖에 없는 존재이고, 그러니 산책은 시대를 뛰어넘는 인간의 숙명이다. 어떤 면에서는 산책은 불안하기 짝이 없는 사피엔스 문명의 최후 보루에 해당하지 않을까? 그러니 산책 속에서 한가함을 발견할 수 있다면, 직업적 일상에서의 고통을 조금이라도 상쇄할 수 있겠다고 생각했다. 그런 맥락에서 세상에서 가장 한가한 산책길을 찾아내서는, 가장 여유로운 산책을 하고 싶었다. 어떤 공간으로 훌쩍 진입해 나를 송두리째 맡겨 볼까?

그것은 아무래도 버들가지 길게 드리워진 호수를 옆에 둔 공원의 호젓한 황톳길이어야 할까? 아니면 인적 드문 북한강 주변의 좁다란 오솔길이어야 할까? 아니, 낙엽 처연히 지는 어느 가을의 지리산 둘레길, 한파에도 따뜻한 바람 상쾌한 제주 어느 구간의 올레길 정도는 되어야 한가할까? 산의 정상에서 정상으로 이어지는 느긋한 능선의 유장한 길 정도는 되어야 한가하다 할 수 있을까?

아무래도 젊은 시절 들었던 노래의 신선함 때문이겠지 싶다. 머릿속에 그려 보는 것만으로도 적막하고 요요해지는 그런 공간이 있는데, 그건 바로 조명 꺼진 극장의 무대다. 텅 빈 무대에 대한 로망 같은 게 아주 오래전부터 있었다. 〈연극이 끝난 후〉라는 노래에 위탁해 둔 나의 소중한 심정心情 한 조각이다. 무려 1980년 MBC 대학가요제에 나온 노래이지만, 훗날 영화 속 삽입, 또 그 훗날의 리메이크로 인해 중년과 장년 모두에게 낯설지 않은 노래다. 연극이 끝나고 난 뒤/ 혼자서 객석에 앉아/ 조명이 꺼진 무대를/ 본 적이 있나요/ 음악 소리도 분주히 돌아가던 세트도….

세상에서 가장 한가한 길이 어디일까 생각할 때마다 늘 그 노래에 다다르고 만다. 연극이 끝난 후 조명이 꺼진 암전暗轉의 무대, 그리고 나 혼자만의 객석…. 세상에 이만큼 쓸쓸하고, 이만큼 한가한 풍경이 있을까? 내가 찾는 한가한 산책길이 존재한다면 분명히 그런 길일 것이라고 생각한 적이 여러 번이다. 한낮의 복잡다단을 떨쳐 버린 저녁의 거리, 한밤의 고성방가를 잠재운 새벽녘 유흥의 거리…. 한가하다는 것은 어쩌면 순간의 실체나 속성이 아니라, 시간에 따른 상황의 격차에 붙여야 할 이름일 수 있겠다는 생각을 했다.

실제로 그런 공간을 거닐어도 봤다. 해지고 한참, 그러나 깜깜한 어둠은 찾아오지 않은 저녁 무렵, 좁다란 길목 곁으로 옹기종기 늘어선 재래시장을 걸었다. 대낮의 시장에 특유한 호객과 수다와 거간과 활기와 낙관이 한꺼번에 사라진 듯한 시간이었다.

상인들은 돈을 세거나, 남은 물건들을 정리하거나 그것도 아니면 가게 구석 작은 의자에 우두커니 앉아 그날의 첫 여유에 빠졌다. 그들의 침묵을 재료로, 조명 꺼진 무대의 아우라 같은 것이 골목으로 퍼져 나가고, 나는 그 골목을 어두운 객석인 양 느릿하게 걸었다. 무릇 한가와 여유는 시차에서 온다는 사실을 확인하며 유영하듯 했다. 밀물처럼 몰려왔던 분주에 치이지 않고는 썰물의 차분한 뒷모습을 볼 수 없는 것이겠구나. 그렇게 감상에 빠져서 초저녁의 시장을 관통했다.

시간을 달리해 이제 막 동튼 새벽녘, 어지러운 간판을 앞세운 술집들 즐비한 어느 유흥가를 걸을 때도 그랬다. 거리를 가득 채웠던 고성과 싸움과 취기와 구토가 불과 한두 시간 만에 흔적 없이 사라지고 말았다. 모든 소란이 허공으로 밀려 나갔다. 그 소란의 잔여물인 듯 공중에서 복잡하게 얽힌 전깃줄 밑, 거대한 혼란을 뒤로하고 고단한 평화를 찾은 골목길에서도 불 꺼진 무대와 객석의 적막을 잠깐 훔쳐보았다.

그러고 보면 삶의 번잡과 여유는 그저 한 끗 차이다. 밀물과 썰물처럼 끊임없이 서로를 대체하고, 낮과 밤처럼 서로를 밀면서 끌어안는 게 인생의 고락苦樂이다. 복잡한 도심에서 한가한 숲길을 체감하고, 사람 없는 강변에서 분주한 거리를 절감하는 것이 일상의 본질일지 모르겠다. 그래서 생각해 보는데, 번뇌가 열반이고 차안이 피안이란 사실을 눈치채야만 우리는 비로소 절대적이든 압도적이든, 한가할 수 있는 것 아닐까.

뽕짝과 찬송가, 그리고 절대 고독

_진달래능선

그날, 짧은 계곡을 통과해 완만한 진달래능선에 막 합류하자 멀리 정상이 보였다. 무난한 걸음으로 한 시간 정도 걸릴 거리다. 10여 미터 앞에 중년 남성 한 사람뿐, 오랜만에 한가한 주말이다. 내 앞의 남성은 나와 비슷한 체격, 비슷한 보폭, 비슷한 속도다. 딱 그만큼의 거리가 좁혀지지도, 넓혀지지도 않는다. 그런데 그날의 우연한 동행이 나는 너무 힘들었다.

중년의 사내가 틀어놓은 트로트 가요 때문이다. 능선에 올라선 직후 30분 넘게 상당한 볼륨으로 산자락을 울리는 트로트의 소음에 내내 시달려야 했다. 간드러진 교성과 극강의 테크닉으로 무장한 남녀 가수들의 노랫소리는 그에겐 절창이었겠지만 나에겐 공해였다. 그럼 그를 추월하거나 아예 뒤처져서 가면 되는 것 아닌가?

내가 왜, 그로 인해 나만의 산행 속도를 올리거나 낮춰야 하나. 그러긴 싫었다. 북한산공원 관리사무소가 심어 놓은 표지판 위 문구에는 이어폰 착용이 권장되고 있지만 낯선 이에게 다가가 "이어폰 끼고 들으시죠!" 하기도 싫었다. 현실성이 없어 보였다. 행여 "소리 좀 줄이시라!" 얘기하면, 왠지 "내 맘이야, 당신이 피해 가!" 핀잔할 거 같다. 산 위에서 말싸움은 싫다. 안 그래도 세상은 각박하다.

찬송가에 시달린 적도 있다. 그때도 완만한 능선을 걷는 중이었는데, 앞서가는 여성 한 명이 찬송가와 밀착 동행 중이었다. 그분의 신앙과 찬양을 탓할 생각은 없지만, 산에는 불교 신자나 이슬람교도도 있을 수 있다. 자기 신조에 따라 일체의 신神을 멀리하는 사람도 고요한 산행의 와중일 수 있다. 그 여성 역시 이어폰을 끼어야 했던 건 아닌가.

산 위의 찬송가보다 고역은 선동인 듯 웅변인 듯, 날 선 목소리로 성경을 해설 중인 목사님의 설교다. 어느 교회 예배를 인도하는지 알 수 없는 목사의 설교를 10분 넘게 들으며 걸어야 했던 적이 있다. 목사님을 산에까지 데려온 이에겐 그의 녹음 설교가

은혜와 은총일지 모르지만, 그것을 고통으로 느낄 사람들도 있다.

산山은 때로 신神보다 숭고하다. 때아닌 찬송가와 설교가 산의 계곡과 능선을 난무하는 순간이 그런 경우다. 아무 말 없이 스스로 존재하는 산은 절대를 향해 다가간다. 그게 자연의 본질이기도 하다. 타인에 대한 배려를 내팽개친 신앙은, 그들이 사랑하는 신에 대한 결과적 모독이라고 나는 오랫동안 생각해 왔다.

지금으로부터 40여 년 전인 1980년, 시대의 초인 라인홀트 메스너가 에베레스트를 두 번째 오르려 할 때다. 한 기자가 그에게 소형 무전기를 가지고 올라가 달라고 요청했다. 메스너는 그보다 두 해 전 무산소로 에베레스트를 이미 올랐다. 이번에는 '무산소에 솔로' 에베레스트 등정이었다. 기자는 불가능에 가까운 산행을 시도하는 메스너와 짧은 인터뷰라도 하고 싶었을 게다. 산소 없이, 동행 없이 에베레스트 정상을 향해 가는 사람의 육성은, 어떤 식으로든 '특종'이 되기 쉬우니까.

메스너 입장에서도 안전을 위해, 그리고 베이스캠프까지 동행했던 당시의 애인 니나 홀권과의 소통을 위해 무전기를 굳이 마다할 이유는 없었다. 그러나 마다했다. 그는 산소도, 동행도, 무전기도 없이 에베레스트에 올랐다. 그야말로 유아독존, 독야청청의 산행이었다. 히말라야의 8000미터급 14좌 완등 이전의 사연이다.

그는 왜 무전기를 거부했을까? 메스너와 그의 연인 홀권이 남긴 기록에, 그 이유가 친절하고 상세하다. 히말라야와의 완벽한 대면을 위해, 그리고 히말라야 바깥에 있는 세상과의 완전한 단절을 위해 메스너는 무전기를 거부했다. 세상과 완전히 격리된 상태에서 그는 히말라야의 성스러운 봉우리들을 바라보고 싶었다. 그는 종교적 희열 같은 걸 예감했을지 모른다.

무전기의 지참 유무가 그렇게 대단한 일이냐 물을 수도 있다. 그러나 생각해 보라. 심중한 한걸음, 한걸음에 죽음의 냄새가 묻어 나는 고난도의 등정이다. 그럴 때 소통의 장치는 눈앞에 다가온 죽음을 물리쳐 줄 수 있는 생명줄이다. 위급 상황에 처하지 않는다 해도 소통의 가능성이 가져다주는 심리적 안정은 무시할 수 없다. 그 모든 것을 포기하고, 메스너는 세상과의 완벽한 단절을 택했다.

우리는 왜 산에 오르나. 건강 관리, 체력 단련, 여가 선용, 절경 감상, 계절 만끽, 스트레스 해소, 데이트, 리프레시를 위해 산에 오른다. 그러나 모든 경우 산행이 전제하는 것은 일상과의 잠정적 단절이다. 우리는 해발 500, 600, 700, 800미터의 바람에 잠기면서 새로운 세상에 든다. 낯선 세계에서의 침묵과 고독이야말로 산이 우리에게 주는 내밀한 선물이라 생각한다. 그 선물 덕에 우리는 지친 몸과 맘을 추스르고 가다듬는다.

메스너가 바라고 체험한 지고지순의 고독까지는 아니어도 우리는 침묵에 잠긴 산과의 대면을 통해, 신을 만나고, 자신을 만난다. 그래서 바라건대 어느 능선에서인가 나와 앞서거니 뒤서거니 했던 중년들도, 한번은 트로트와 찬송가와 설교를 버리고 산에 온전히 빠졌으면 한다.

고단한 일상과 거친 세월을 어렵사리 헤쳐 나가고 있는 중년의 일원으로서 동년배의 마음을 모르지 않는다. 산 위에서도 무언가에 기대고 의지하고 싶은 마음을 떨치기 어렵다. 외로움과 불안은, 정도는 다를지언정 우리 모두의 것이라 생각한다. 트로트와 찬송가가 선사하는 안심安心을 왜 모르겠는가.

그러나 산과의 혼연일체가 주는 평안은 때로 트로트와 찬송가의 위무慰撫를 훌쩍 뛰어넘는다. 어려운 일이지만 일상에서 기대던 문명과 종교를 잠시 잊고, 이번 주 산행에서만은 새벽 산 공기에 조용히 스며드시기를 권한다. 최소한의 교신마저 거부하게 만든 히말라야의 고독, 그 절대 고독의 행복이 메스너의 전유물이라고는 생각하지 않는다.

결기와 강단이 필요할 때가 있다

― 소귀천계곡

산 좋아하는 분들, 우이신설선 많이 이용하시겠다. 우이동~신설동을 오가는 두 량의 경전철이 우이신설선이다. 종점인 북한산우이역에 내리면 서울 북방의 한쪽 끝이다. 길고 외로워 보이는 에스컬레이터를 타고 지상으로 오르면 북한산의 백운대·인수봉·만경대가 멀지 않은 곳에서 늠름하다. 눈을 돌리면 도봉산의 자운·만장봉도 하늘을 찌르는 중이지만, 도봉은 잠시 잊기로 한다.

북한산을 오르는 길은 여럿이다. 우이령으로 향하다 용덕사 쪽으로 빠져 산에 들면 영봉을 거치고 하루재에 이른다. 지하철역에서 도선사 방향으로 그냥 치고 올라가기도 한다. 도선사를 왼쪽에 두고 가파르다 싶은 길을 잠시 치달으면 또 하루재다. 하루재에서 백운대까지는 멀지 않다. 숙련되지 않은 걸음으로도 한 시간 남짓이면 족히 정상에 도달한다.

도선사를 거쳐 용암문에 이르는 방식으로 북한산성 주능선을 만나는 분들도 있다. 우이동 초입에서 진달래능선을 통해 대동문으로 직격直擊하기도 한다.

이 모든 길을 마다하고 북한산성 주능선에 한 시간이면 닿게 해주는 은밀한 길이 있다. 진달래 능선 진입로를 약간 지나면서 시작하는 소귀천계곡 코스다. 대동문까지 한 달음이다. 보기 드물게 적막하고 고요한 오솔길이다. 그런데 이 비밀스러운 길에서 지난주, 아주 비밀스러운 정보를 하나 얻었다. 물로 바위를 자르는 방법이다.

아닌 게 아니라 많이 궁금했다. 북한산성을 이루고 있는 사각의 저 많은 돌을, 옛날에 어떻게 저렇게 반듯하게 잘라 냈을까? 생각해 보니 네모반듯한 돌들이 북한산성에만 있는 것은 아니다. 주위를 둘러보면 생각보다 많다. 경복궁의 건축물 하단을 받친 수많은 돌들, 덕수궁 돌담길의 오막조막한 돌들, 서울의 강북 핵심을 넓게 두르고 있는 한양 성곽의 많은 돌들…. 그리고 보니, 중국의 만리장성에는 네모반듯한 돌들이 도대체 몇 개나 쓰인 거야.

이 세상 도처에 널린 돌들을 설마 물로 다 잘라

내진 않았겠지만, 소귀천계곡이 알려준 바위 절단법은 쇼킹하면서도 효율적이다. 대단한 기구가 필요하지 않기 때문이다.

일단 널찍한 바위를 찾아야 한다. 바위를 찾았으면 정釘으로 구멍을 낸다. 원하는 돌의 크기를 생각하며 구멍의 간격과 개수를 맞춘다. 그다음, 구멍들에 물을 붓는다. 그리고 날이 추워지기를 기다리기만 하면 된다. 구멍 속의 물은 기온이 영하로 내려가면 얼면서 팽창할 테고, 그 순간 바위는 쫙 갈라진다. 소량의 물만으로 거대한 바위를 잘라 내는 것이다.

물로 바위를 자르는 건 겨울에만 가능할까. 그렇지 않다. 겨울이 아니어도 당연히 바위를 자를 수 있다. 봄·여름·가을에는 참나무로 만든 작은 쐐기를 몇 개 준비한다. 바위에 구멍을 내고, 그곳에 쐐기를 박는다. 그리고 나무쐐기에 물을 부어 불린다. 불렸다 말렸다 불렸다 말렸다 하다 보면 바위가 또 좌악 갈라진다.

그런데 우리는 하필 왜, 물로 바위 자르는 방법

을 소귀천계곡에서 발견해야 하는 걸까? 실제로 소귀천계곡에는 정교하게 잘린 바위들이 많다고 한다 (충분히 둘러보진 못했다). 그래서인지 북한산 국립공원사무소는 소귀천계곡 초입에 '물로 바위 자르는 방법'을 제목으로 올린 표지판을 큼직하게 심어 두었다. 그러니까 지금까지 설명한 '물로 바위 자르는 방법'은, 소귀천계곡을 헤매고 바위들을 조사하며 경험적으로 얻은 비급이 아니라, 공원사무소에서 친절하게 마련한 표지판을 보고 안 내용이다.

그러니 아마도 소귀천계곡 아닌 다른 곳에도 같은 표지판이 세워져 있을지 모른다. 어딘들 어떠랴. 별다른 도구 없이 그 커다란 바위를 툭툭, 잘도 잘라내던 옛사람들의 지혜는 감탄할 만하지 않은가.

수소 원자와 산소 원자가 그리 복잡하지 않은 방식으로 엮여 만들어졌을 '물'이란 물질은 사람들에게 너무나 다양한 이미지를 남긴다. 별생각 없이 세월을 보내는 사람에게도 물은 강이었다가, 바다였다가, 구름이었다가, 비였다가, 눈이었다가 한다. 티 내지 않는, 그러나 현란한 물의 변신은 지구를 윤택하고 풍성하게 만드는 최고의 재료다.

북한산의 나무들은 태양에서 흡수한 에너지로 물 분자를 쪼개 생명의 물질을 얻기도 한다. 광합성 얘기다. 물을 쪼개 얻은 수소와 산소, 그리고 공기 중에서 잡아낸 이산화탄소로 탄수화물을 만들지 않나. 그렇게 얻은 탄수화물은 식물의 몸이 되고, 동물의 영양분이 된다. 물은 지구에 사는 생명들의 근원이기도 하다.

그뿐인가. 물은 오랜 세월, 다양한 인문학적 상상의 원천이기도 했다. 예컨대 배를 띄우기도 하지만 뒤집기도 하는 물의 이율배반은 동아시아 문화권에서 민심의 위력을 보여 주는 정치적 알레고리로 통했다. 계곡의 바위틈을 유연하게, 막힘없이 흘러 다니는 물의 행로는 최고의 지혜와 처세의 상징으로 언급되기도 했다(상선약수 上善若水).

그런 물이 아시아의 한쪽 끄트머리, 북한산의 소귀천계곡에서는 강건한 바위를 잘라 내는 데 활용됐다. 그렇게 오랜 세월에 걸쳐 수많은 바위를 잘라 냈을 소귀천계곡의 물을 보며 나는 '에지 edge'라는 단어를 떠올리기도 한다. 자기만의 뚜렷한 개성과 매력을 가진 이들을 보며 곧잘 이런 말을 쓰지 않는가.

"그 사람 정말 에지 있는 거 같아…!"

물에 술 탄 듯 술에 물 탄 듯 수십 년을 살고 난 요즘, 바위를 잘라 내는 소귀천계곡의 물처럼 '에지 있는' 사람들이 부러울 때가 있다. 긴 세월 동안 유연하고 부드럽다가도 삶의 중요한 포인트에서 표변해 자신만의 근성과 결단을 보여 주는 그런 사람들 말이다.

낮고 좁은 계곡을 유유히 흐르다가도 어느 순간 바위틈으로 비집고 들어가 그 크고 강한 물체를 단번에 갈라 내는 물의 '에지'는 정말 감동적이다. 소리 없이 흐르는 소귀천계곡의 여리고 맑은 물을, 새벽 산행 중에 한참 동안 쳐다보는 이유다.

외로움을 태우고 새벽을 달리다
_34번 버스

　34번 버스에 대한 고마움을 한번은 표시해야겠다고 오래전부터 생각했다. 명진여객 34번 버스는 불광역과 의정부를 오가는 경기도 버스다. 주말이면 많은 사람이 구파발역을 헤치고 나와 34번 버스를 탄다. 북한산에 오르려는 사람들이다. 단조롭게 이어진 도로를 거쳐 34번 버스가 북한산성 입구 정류장에 멈추면 그 많던 사람들이 약속이나 한 듯 한꺼번에 내린다. 홀쭉해진 버스는 무언가 어색한 듯, 조금은 외로운 듯 송추와 의정부를 향해 다시 먼 길을 떠난다.

　서울의 북부 지역에 사는 나는 34번 버스 이용 행태가 뭇사람들과 다르다. 산행을 시작하기 위해 34번 버스를 타는 게 아니라, 하산 후 귀가를 위해 34번 버스를 탄다. 의정부를 거쳐 집에 돌아가기 위해 34번을 탄다.

　습관처럼 주말 새벽이면 나는 우이동 도선사 입구나 화계사 아니면 정릉을 통해 북한산에 들고, 점심 조금 못미처 북한산성 입구로 내려온다. 고양시의 덕양구와 서울시의 은평구가 만나 경계를 만드는 곳이다. 그곳에 34번 버스 정류장이 있다.

　시작의 설렘을 안고 타는 버스와 산행을 마무리하기 위해 타는 버스는 사뭇 다른 느낌이다. 서정주 시인은 연꽃 만나러 가는 바람과 연꽃 만나고 가는 바람을 구분했다. 산행의 기점에서 타는 34번 버스와 산행의 끝에 타는 34번 버스는 전혀 다른 버스다. 내가 타는 34번 버스는 연꽃 만나고 가는 바람이다.

　34번 버스를 만나기까지 새벽부터 점심의 대여섯 시간 동안 나는 북한산의 이곳저곳을 드나든다. 어느 날은 백운대를 올랐다가 북한산성 주능선을 따라 대동문까지 걸은 뒤 계곡을 통해 내려온다. 정릉을 통해 올라간 날은 대성문과 청수동 암문을 거쳐 의상능선을 타기도 한다. 어디로든 효자동(덕양구)과 진관동(은평구), 두 동네가 만나는 북한산성 입구로 내려가면 34번 버스가 나를 기다린다. 아니 내가 34번 버스를 기다린다.

    34번 버스는 드물게 배차된다. 언젠가 정류장에 비치된 안내판을 보니, 대개 한 시간에 한 번꼴 배차다. 실제 기다리는 시간이야 들쭉날쭉 불규칙하다. 어느 날에는 5분 만에도 나타나고, 다른 날에는 30~40분 기다려야 귀한 존재를 드러낸다. 어느 쪽이어도 괜찮다. 한두 해 전까지만 해도 대기 시간이 길어지면 안절부절못했다. 그런데 세월 탓일까, 세월 덕일까? 하염없는 기다림이 싫지 않다. 몸을 이리저리 틀며 산행으로 긴장한 근육들을 풀어 주기도 하고, 늦은 산행을 시작하는 등산객들을 구경하기도 한다. 배낭 깊숙이 넣어 두었던 작은 판형의 얇은 에세이를 펼쳐 읽기도 한다. 기다림에 익숙해진 내가 가끔은 대견하고 가끔은 서글프다.

    기다림 끝에 34번 버스에 오르면 나는 대개 차량 후미의 오른편에 앉는다. 정면을 볼 때 기준으로 오른편이다. 흔들리는 34번 버스에 몸을 의탁하고 송추 부근을 통과할 때까지 내겐 또 다른 즐거움이 기다린다. 34번 버스가 서는 정류장 중에는 북한산과 도봉산을 오르는 매력적 산행의 들머리들이 여럿이다. 몇몇 정류장들을 지나치며 나는 오래전의 산행들을 추억해 보기도 한다.

효자2통 정류장
숨은벽으로 향하는 산행의 들머리다. 버스에서 내리면 밤골 매표소가 멀지 않다. 아찔한 능선에 잠깐씩 합류하며 진행하는 산행은 늦가을 날씨처럼 소슬하다. 백운대를 배경으로 엎드린 듯 솟은 숨은벽의 절경이야 많은 이들이 전하는 대로다. 그런데 왜 효자2동이 아니라 효자2통일까.

우이령·오봉산 석굴암 입구 정류장
우이령을 넘어 우이동으로 한가한 트래킹을 할 수 있다. 우이령은 북한산과 도봉산을 한가하게 갈라 준다. 서울과 경기도를 관통하며 이어 주는 이 길이 군사적 요충일 것은 불 보듯 확실하다. 요즘도 예약을 해야만 출입할 수 있는지 모르겠다.

송추계곡·느티나무 정류장

도봉산 산행의 들머리다. 여성봉과 오봉을 거친 후 도봉산 주능선에서 왼쪽으로 길을 틀면 신선대에 오르고 자운봉을 곁에 둘 수 있다. 오른쪽으로 방향을 잡아 한참을 걸으면 우이암 조금 못 미친 전망대에서 도봉산 봉우리들의 기기묘묘한 풍경을 한눈에 포착할 수 있다.

송추를 지난 34번 버스는 다시 의정부를 향한다. 버스의 궤적이 궁금해 노선이 표시된 지도를 찾아보니 그야말로 가관이다. 도봉산과 북한산을 한데 이르는 북한산국립공원은 서울 북부의 북서 사면을 호위하는 모양새로 높고 유장하게 솟아 있다. 34번 버스는 시발점인 불광에서 종착지인 의정부에 이르는 동안 북한산국립공원의 바깥 경계(서울 기준으로)를 내내 감싸며 운행한다. 북한산 외곽으로 몸을 바짝 붙인 채, 새벽부터 밤까지 수십 킬로미터의 거리를 몇 번이고 왕복하는 것이다.

황급히 다가온 34번 버스를 탈 때, 또 흔들리

듯 멀어지는 버스의 뒷모습을 볼 때 나는 때로 극심한 외로움에 사무친다. 서울 중심부의 시내버스처럼 5~10분 간격으로 쏟아내듯 자신을 드러내고 또 나타낸다면 그렇게 외롭지 않을 거다. 사람도 차도 별로 없는, 북한산과 도봉산의 바깥 경계를 종일 감싸는 34번 버스는 자신을 자신으로부터 격리하려는 것처럼, 앞서간 34번 버스를 멀리하고 뒤따르는 34번 버스를 떼놓는다.

백운대 어느 구석에서 홀로 외로운 소나무처럼, 선인봉 어느 절벽을 배회하는 매 한 마리처럼, 34번 버스는 아직 깜깜한 새벽과 이미 어둑한 저녁을 침묵으로 달려간다. 간헐적 배차만큼이나 드물게 북한산로에 세워진 신호등들만이 끔뻑거리는 눈으로 34번 버스의 외로운 운행을 잠깐씩 세우고 벗해 줄 뿐이다. 주말의 짧은 등산을 마치고 34번 버스를 타는 시간은 계절과 무관하게 환한 시간인데도, 나는 가끔씩 이 외로운 버스 안에서 어둠의 하얀 바닥을 느낀다.

나르시시즘

_모든 여행은
사람의 향기를 좇는다

　여행에서 우리는 자연을 만날까, 사람을 만날까? 대개 자연을 만나는 걸로 만족한다. 산수에 반하고 풍경에 매료되어 즐거워한다. 그렇게 들뜬 마음으로 사람까지 만난다면 그 여행은 더할 나위 없겠다. 그러나 대부분의 여행은 자신이 속한 커뮤니티를 강화하는 쪽으로만 진행된다. 낯선 풍경은 받아들이지만, 낯선 사람에겐 마음을 내주지 않는다.

　경우가 다르긴 한데, 사람을 등한시하는 데 묘한 질타를 받은 적이 있다. 수년 전 여행 에세이를 쓰기 위해 시베리아를 횡단했을 적 얘기다. 에세이는 사진과 함께 책으로 엮여 나올 예정이었는데, 주된 부분은 사진이었다. 시베리아 프로젝트에 나를 끌어들여 준 사진작가 H 선배의 뒤를 그림자처럼 따라다니며 블라디보스토크에서 모스크바에 이르는 1만 킬로미터 여정을 열차로, 비행기로, 도보로 이어 갔다. 급할 때는 급하게, 한가할 때는 한가하게 완급을 조절하며 한 열흘 걸렸던가. 여행의 결과는 『끝에서 시작하다: 시베리아에서 발트까지』라는 이름을 달고, 고급한 양장의 사진 에세이집으로 출간됐다.

한겨울의 광화문이었던 것 같다. 출간을 자축하는 술자리가 좁은 골목의 주물럭 고깃집에서 열렸고, 그 자리에는 책을 제작한 눈빛출판사의 L 대표님도 참석했다. 자축연에 걸맞은 덕담들이 오갔고, 잠깐이나마 내 에세이에 대한 칭찬도 있었다. 그러나 칭찬보다 짧은, 그러나 훨씬 엄중했던 '비판' 하나가 마른하늘에 날벼락처럼 떨어졌다가 바로 사라졌다. 칭찬도 비판도 출판사 사장님의 것이었다. 칭찬은 날리고, 비판만 복기하면….

이 선생의 글에는 사람이 보이지 않아.

집에 돌아와 취한 눈으로 시베리아 사진집을 들추었다. 틀린 말이 아니었다. 사진은 풍경과 사물과 사람을 골고루 좇았는데, 에세이는 기껏해야 풍경의 속내만을 좇는 중이다. 러시아를 열흘이나 횡단하면서도 나는 사람을 안중에 두지 않았다. 내 글에는 사람이 없었다.

　며칠 전, 집에서 철 지난 영화 하나를 보다가 나의 '사람 생략'이 일시적 취미가 아닌 고질痼疾일 수 있겠단 생각에 퍼뜩 겁이 났다. 'SF 멜로'를 표방하는 영화인데 제목이 〈이퀄스〉(2015년)다. 니콜라스 홀트, 크리스틴 스튜어트, 가이 피어스가 나오는 네이선 파커 감독의 연출작이다.
　지구 차원의 거대 전쟁이 끝난 후의 미래가 배경이다. 절멸의 전쟁 이후 두 개의 국가만이 존재하게 되는데, 이야기는 그중 한곳에서 전개된다. 그곳에는 '감정'이 없다. 감정을 유전적으로 거세해 버린 것이다. 이유는 짐작할 만하다. 인류 멸망의 위기를 초래했던 전쟁은 사람들의 감정에 의해 촉발된다. 타인에 대해, 사물에 대해 무감하고 무심하다면 그래서 누구도 누구를 자극하지 않는다면 전쟁은 일어나지 않는다. 그렇게 이 나라에서는 감정이 질병이 되었다. 마음에 감정이 솟구친 사람은 치료를 받아야 하고(감정을 다시 없앤다!), 때론 안락사에 처한다(감정의 주체를 아예 없앤다!).

스토리는 예상할 만하지만 뻔하지도 않다. 남녀 주인공의 마음속에 사랑이 싹트고, 두 사람은 감정의 보유가 용인되는 다른 나라로 망명을 꿈꾸지만, 생각대로 되지는 않는다. 와중에 로미오와 줄리엣의 비극이 형식을 달리해 절묘한 형식으로 되살아나기도 한다.

중요한 사실은, 모든 감정이 삭제된 영화 속의 시공간을 보면서 내 마음이 너무 편했다는 거다. 아무도 사랑하지 않고, 아무도 미워하지 않으며, 서로 간섭하는 일도 없이, 어떤 일에도 무덤덤한 미래의 인간들을 보면서 나는 평온을 느꼈고, 이어 당황했다. 영화 초반에 "맞아, 저렇게 서로 무관심하게 살아가니까 얼마나 좋아"라고 되뇌었던 것이다.

어느 책에서인가 철학자 알랭 바디우가 현대인의 특징을 '안락'과 '나르시시즘'에 대한 경도로 요약한 것을 봤다. 자기 안에 빠져(나르시시즘) 편안한 것(안락)을 최고로 치는 게 현대인이라는 얘기다. 그게 바로 나였다. "이 선생의 글에선 사람이 보이지 않는다"던 출판사 대표의 한마디는 날카로운 송곳이었던 셈이다.

그러나 자신이 나르시시즘에 빠져 있다는 사실을 알고도 개운할 사람이 얼마나 되겠나. 나르시시즘은 가끔씩 삶의 편리한 도구가 될지 모르지만, 빠져나와야 할 굴레다. 그런 의미에서 오래전 가족과 함께했던 공주 여행은 남달랐다. 멀리서 바라본 계룡산의 실루엣은 아침저녁으로 아름다웠다.

그리고 사람을 만났다.

천년 고찰 갑사에서 멀지 않은 숙소를 예약해 묵었는데, 호스트라 해야 할까, 사장님이라 해야 할까. 숙소를 운영하는 J 선생님은 중학교 교장을 하다 퇴직하고, 갑사 부근 야트막한 산에 계룡산과 계룡저수지가 활연하게 보이는 2층의 목조 주택을 마련해 여행객들에게도 내주신다. 사흘간의 짧은 인연을 통해 J 선생님 부부가 내어준 후의가 두터워, 사람을 꺼리는 고질병에서 잠시나마 해방된 느낌이었다.

대단한 이벤트가 있었던 건 아니다. 조금은 엉

겁결에 J 선생님 부부가 거주하는 별채에 내려갔다가 한 시간에 걸쳐, 평범해서 더욱 빛나는 그들의 개인사를 들었다. 푸짐한 호두와 사과와 피자와 정담만으로도 여행이란 것이 얼마나 풍성해질 수 있는지…. 풍경과 사람이 한데 섞일 때 일어나는 일들을 설명할 수 있는 것은 화학이 아니라 연금술이라는 생각이 들었다. 숙소로 돌아가는 길에 건네주신 옥빛의 조그만 청란靑卵이 얼마나 예뻤는지 모른다.

  못 잊을 일이 또 있다. J 선생님은 이튿날 저녁놀이 번질 무렵의 저수지 동반 산책을 수줍게 제안했는데, 우리 가족이 유야무야로 무산시키고 말았다. 멋진 '해설'도 준비하셨을 텐데, 여행의 피로를 핑계로 그 고운 마음을 얻지 못했다.

언젠가 이런 문장을 하나

메모해 두고는 홀로 만족해했다.

절대적으로 한가해야 한다.

내려가며

"세상에서 가장 특별한 일이 무엇인가요?"

천 년 전 누군가 선사에게 물었다. 선사가 답했다.

"내가 홀로 산 정상에 앉아 있다는 사실이지."

사방이 트인 곳에서 바람을 맞아본 사람은 안다. 지상에서 출발해 숲을 헤치고 오르는 동안, 그 바람이 얼마나 많은 걸 덜어내는지. 도시의 먼지도, 탐욕도, 불안도 그 속엔 없다.

풀 내음에 이끌려 산에 올랐다가 떨어지는 꽃잎을 보며 내려온 선사가 있다. 초봄에 산에 들었는데, 나와 보니 봄이 다 지나가는 중이다. 산속에서 한 철을 보낸 그의 얼굴은 맑았다.

산과 함께해 행복했다.
독자들도 산과 함께면 좋겠다.
평화롭고 맑았으면 좋겠다.

인간은 산의 한 부분이며 산은 인간의
한 부분이다.

- 프랭크 스마이드

저 산은 내게

초판 1쇄 발행	2024년 10월 10일

지은이	이지형
펴낸이	윤동희
펴낸곳	북노마드

편집	정일웅
디자인	신혜정
제작	교보피앤비

출판등록	2011년 12월 28일
등록번호	제406-2011-000152호
문의	booknomad@naver.com

ISBN 979-11-86561-89-8 03810

www.booknomad.co.kr

북노마드